Sylvia Hutter

Einfach Pilze anbauen

Anleitungen für draußen und drinnen

ökobuch

Bibliografische Information der Deutschen Nationalbibliothek

Die Deutsche Nationalbibliothek verzeichnet diese Publikation in der Deutschen Nationalbibliografie; detaillierte bibliografische Angaben sind im Internet unter http://dnb.d-nb.de abrufbar.

Unsere Bücher werden nach höchsten Ansprüchen an Nachhaltigkeit und Ökologie produziert und wir optimieren ständig weiter:

- Papiere und Pappen sind FSC® oder PEFC™ zertifiziert
- Druckfarben auf Pflanzenölbasis
- Druckplattenbelichtung komplett chemiefrei
- Klebstoffe lösungsmittelfrei
- 100% Öko-Strom bei Druck und Bindung
- Müllvermeidung und Recycling bei der Produktion
- kurze Wege, gedruckt in Deutschland

ISBN 978-3-947021-10-9

3. Auflage 2023

Königstr. 43, 26180 Rastede
E-Mail: verlag@oekobuch.de
http://www.oekobuch.de

FSC
www.fsc.org
MIX
Papier aus verantwortungsvollen Quellen
FSC® C043106

Druck: Grafisches Centrum Cuno, Calbe

Inhalt

Vorwort

Beim Anbau von Pilzen fasziniert mich immer wieder, wenn sich kleine Fruchtkörperansätze zeigen und sie in wenigen Tagen zu prächtigen Exemplaren heranwachsen. Das ist jedes Mal wie ein kleines Wunder für mich.

Für viele Hobbygärtner ist es selbstverständlich, eigenes Gemüse und Obst anzubauen. Nur wenige wissen jedoch, dass auch der Anbau von Pilzen im Garten, auf dem Balkon oder sogar in der Wohnung durchführbar ist. Mit diesem Buch möchte ich daher Interessierten einen Leitfaden an die Hand geben, wie auf möglichst einfache Art Pilze selbst angebaut werden können. Der Leser erhält alle nötigen Hintergrundinformationen und detaillierte Schritt-für-Schritt-Anleitungen mit vielen Fotos, um auch ohne teure Laborausstattung Pilze anzubauen.

Mein besonderer Dank für das Entstehen und Herausgeben dieses Buches gilt dem ökobuch Verlag. Meinem Mann Dr. Jens Turowski bin ich sehr dankbar für die zahlreichen Diskussionen rund um das Buch und für dessen sprachliche Verbesserung. Meiner Familie danke ich für die Durchführung von Pilzanbauversuchen.

Stefan Gmeiner hat durch sein Interview und die vielen Fotos einen wertvollen Beitrag geleistet, wofür ich auch sehr dankbar bin. Wolfgang Bivour danke ich für die schönen Fotos, die er beigesteuert hat.

Außerdem bedanke ich mich bei den Pilzen, die uns nicht nur mit köstlichen Leckerbissen und wertvollen Heilmitteln versorgen, sondern die auch bei vielen Vorgängen in der Natur eine wichtige Rolle spielen.

Viel Erfolg beim Anbau von Speisepilzen wünscht Ihnen
Dr. Sylvia Hutter

1 Einleitung

Was sind Pilze?

Früher haben Biologen die Pilze den Pflanzen zugeordnet. Nachdem mehr und mehr Unterschiede zwischen Pflanzen und Pilzen zutage kamen, teilte man sie in eine eigene Gruppe ein. Ein wesentlicher Unterschied zwischen Pilzen und Pflanzen ist die Fähigkeit der grünen Kreaturen zur Fotosynthese. Mit Hilfe von Licht sind sie in der Lage, Wasser und Kohlendioxid in Zucker und Sauerstoff umzubauen. Diese Fähigkeit hat das Leben auf der Erde, wie es heute ist, erst möglich gemacht.

Beschäftigen wir uns mit dem Aufbau der Pilze: Eigentlich ist das, was die meisten Menschen als Pilz bezeichnen, nur der ***Fruchtkörper*** (Abb. 1). Was ein Fruchtkörper ist, lässt sich am Beispiel eines Apfelbaums erklären: Äpfel sind gemeinhin die Früchte des Apfelbaumes. Das, was Sie also im Supermarkt als „Pilze" kaufen, wären dann die Früchte des Pilzes oder eben die sogenannten Fruchtkörper. Wenn nur ein Teil des Pilzes aus einem oft kurzwährenden Fruchtkörper besteht, was ist dann mit dem Rest des Pilzes, der im Beispiel den langlebigen Ästen, Blättern und Wurzeln des Apfelbaumes entspricht? Der Pilz selbst besteht meist aus dünnen Zellfäden, den sogenannten Hyphen. Die Gesamtheit der Hyphen bezeichnet man als Myzel. Das Myzel entspricht also den übrigen Teilen des Apfelbaums. Es lebt je nach Pilzart oft unscheinbar – es erinnert manchmal ein wenig an Spinnweben – in unterschiedlichen Materialien, wie zum Beispiel Holz oder Erde (Abb. 2). Dieses Material wird auch als Substrat bezeichnet. Aus dem Substrat wachsen dann die Fruchtkörper heraus, die mehr oder weniger prachtvoll und auffallend in den verschiedensten Farben und Formen in Erscheinung treten.

Die Fruchtkörper dienen der Fortpflanzung der Pilze. Bei vielen Speisepilzen sind die Fruchtkörper in Stiel und Hut gegliedert. Auf der Hutunterseite befindet sich die sogenannte ***Fruchtschicht.***

1
Die Fruchtkörper von Speisepilzen sind meist in Hut und Stiel gegliedert. Weitere Merkmale sind z.B. Lamellen oder ein Ring.

2
Myzel eines Austernseitlings, welches sich auf der Rinde und im Baumstamm ausbreitet.

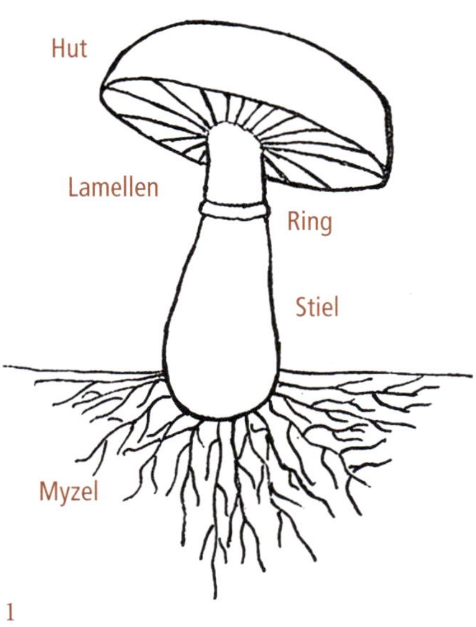

1

2

In der Fruchtschicht werden die „Samen" des Pilzes, die ***Sporen,*** gebildet. Diese Schicht mit den Sporen kann unterschiedliche Strukturen haben, z.B. blätterähnlich, d.h. sie weist vom Stiel wegstrebende Lamellen auf. Diese Struktur kommt häufig vor, auch die meisten anbaufähigen Pilze haben Lamellen.

Bisher sind mehr als 140.000 verschiedene Pilzarten weltweit beschrieben worden. In Deutschland gibt es mehr als 14.000 Arten. Davon sind über 6.000 Arten sogenannte Großpilze, deren Fruchtkörper für das bloße Auge sichtbar sind. Die meisten dieser Pilzarten sind nicht essbar, da sie giftig, zu klein oder nicht genießbar sind. Nur wenige hundert Pilzarten gelten als Speisepilze.

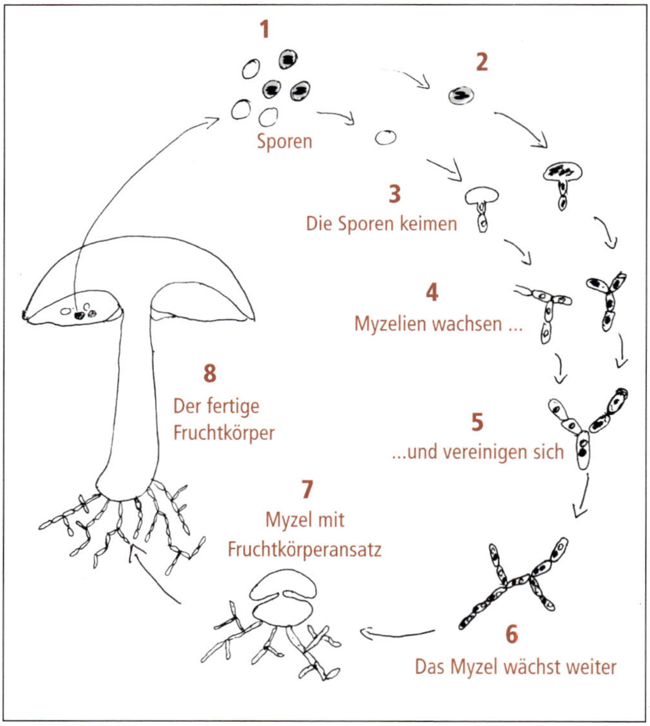

3
Vereinfachte Darstellung des Lebenszyklus vieler Speisepilzarten:
1. *Sporen fallen aus dem Fruchtkörper und werden vom Wind verbreitet.*
2. *Sporen landen auf einem passenden Untergrund.*
3. *Sporen keimen.*
4. *„Weibliche" und „männliche" Myzelien wachsen und suchen sich.*
5. *Myzelien vereinigen sich.*
6. *Vereinigtes Myzel wächst weiter.*
7. *Myzel bildet einen Fruchtkörperansatz aus.*
8. *Der Fruchtkörperansatz entwickelt sich zu einem reifen Fruchtkörper und bildet Sporen aus, die wieder vom Wind verbreitet werden.*

Der Lebenszyklus

Ebenso wie Tiere oder Pflanzen durchlaufen auch Pilze in ihrem Leben verschiedene Wachstumsphasen (Abb. 3). Die Sporen der Pilze werden oft durch den Wind verbreitet. Landen sie auf einer geeigneten Stelle, keimen sie und bilden ein feines Fadengeflecht aus, das Myzel. Vielen Speisepilzarten ist gemein, dass sich ein „weibliches" und ein „männliches" Myzel suchen, finden und dann vereinigen. Dazu ist natürlich auch Nahrung notwendig. Um die im Substrat enthaltenen Nährstoffe aufnehmen zu können, scheidet das Myzel vor allem Enzyme aus, die das umliegende Substrat zersetzen. Das zerkleinerte Material wird dann vom Myzel aufgenommen. Diese Phase der Nahrungsaufnahme und Vergrößerung des Myzels wird auch als vegetatives Wachstum bezeichnet. Hat das Myzel genügend Nahrung aufgenommen, müssen noch einige weitere Faktoren zusammenkommen, um Fruchtkörper ausbilden zu können. Dazu gehören vor allem ausreichend Feuchtigkeit und die richtige Temperatur. Stimmen alle Bedingungen, kann sich ein Fruchtkörper aus dem Myzel entwickeln. Dieses Stadium nennt man reproduktive Phase. Im Fruchtkörper entsteht dann eine neue Generation von Sporen, die, sobald sie reif sind, wieder vom Wind verbreitet werden. Nach der Landung können sie keimen und einen neuen Lebenszyklus in Gang setzen.

4

5

Die Lebensweisen

Die Lebensweisen der Pilze können in drei Gruppen unterteilt werden. Die Grenzen zwischen diesen Gruppen sind aber fließend.

Viele Pilzarten, die im Wald zu finden sind, wie zum Beispiel Pfifferlinge oder Steinpilze, leben in einer sehr engen Gemeinschaft – einer Symbiose – mit Bäumen. Diese Pilze werden ***Mykorrhizapilze*** genannt (Abb. 4 und 5). Die Pilze helfen der Pflanze bei der Aufnahme von Wasser und Nährstoffen und erhalten dafür von der Pflanze u.a. Zucker, den sie durch die Fotosynthese hergestellt hat. Die meisten Pflanzen leben mit solchen *Mykorrhizapilzen* zusammen. Die feinen Pflanzenwurzeln werden vom Pilzmyzel besiedelt. An den Berührungspunkten von Wurzel und Myzel findet der Stoffaustausch zwischen den beiden Partnern statt.

Es ist noch nicht lange bekannt, dass diese Pilze durch ihr Myzel nicht nur Pflanzen der gleichen Art, sondern auch unterschiedliche Pflanzenarten miteinander verbinden können. Diese unterirdischen Myzelien werden als „wald-weite Netzwerke" (wood wide webs) bezeichnet. Es liegt sogar nahe, dass Nährstoffe von Pflanze zu Pflanze über eben diese Myzelien ausgetauscht werden können. Ein mögliches Szenario wäre dann, dass Bäume, die viel Zucker produzieren, ihn über das Netzwerk der Myzelien an bedürftige Bäume weitergeben und diese so mitversorgen.

Eine weitere Lebensweise ist der sogenannte Parasitismus. Hier ernährt sich der Pilz von einem lebenden Organismus. Ein recht bekannter und häufiger ***parasitischer Pilz*** ist der Hallimasch, der auch in Deutschland weit verbreitet ist. Im typischen Fall befällt der Hallimasch einen Baum, breitet sich in ihm aus, nimmt ihm seine Nährstoffe weg und bringt ihn so schließlich zum Absterben (Abb. 6).

Meist lebt der Pilz dann noch einige Zeit weiter auf dem toten Baum, womit wir bei der dritten Lebensweise angekommen sind: den ***Saprobionten.*** Unter diese Kategorie fallen auch die meisten Pilzarten, die kultivierbar sind. Das bekannteste Beispiel dieser Lebensweise sind Champignons (Abb. 7), die Sie aus dem Supermarkt kennen. Alle Saprobionten leben von totem organischem Material; sie und andere Lebewesen zersetzen zum Beispiel Holz oder abgestorbene Blätter so weit,

4
Steinpilze, wohl die beliebtesten Speisepilze bei uns, sind sogenannte Mykorrhizapilze und leben mit Bäumen in enger Gemeinschaft. Deswegen ist es bisher nicht möglich, sie ohne Baumpartner im großen Maßstab anzubauen.

5
Ein weiterer Mykorrhizapilz ist der Grüne Knollenblätterpilz. Speisepilzsammler sollten sich den „Todesengel" gut einprägen, da er zu den meisten Todesfällen aufgrund von Pilzvergiftungen führt.

dass diese wieder für Pflanzen verfügbar werden. So kann der sogenannte Stoffkreislauf von neuem beginnen: Pflanzen nehmen die Nährstoffe zu sich und bauen organische Masse (Äste, Blätter) auf, die dann wieder von Pilzen, Bakterien oder auch Tieren zerkleinert wird, um dann wieder den Pflanzen als Nahrung zur Verfügung zu stehen.

6
Der Hallimasch ist ein weit verbreiteter Parasit, der sogar im Garten sein Unwesen treibt. Er gilt bei ausreichend langer Zubereitungszeit sogar als essbar; er wird aber von manchen Menschen nicht vertragen und verursacht u.U. Magen-Darm-Probleme.

7
Champignons sind wohl die bekanntesten Speisepilze. Sie gehören in die Gruppe der Saprobionten und ernähren sich von abgestorbenem organischem Material.

2 Speisepilze im Garten entdecken und fördern

Wenn Sie einen Garten haben, wachsen dort auch Pilze. Nicht alle davon sind essbar. Aber mit einfachen Mitteln lässt sich die Ansiedlung von leckeren Speisepilzen im Garten begünstigen. Und manchmal sind sie auch bereits da, nur wissen Sie es noch nicht.

Vorab aber grundsätzlich: Wenn Sie vorhaben, Pilze aus Ihrem Garten zu genießen, vergewissern Sie sich unbedingt und auf jeden Fall, dass es sich tatsächlich auch um essbare Pilze handelt. Viele Pilzarten haben nämlich giftige Doppelgänger, die das ungeübte Auge nicht unterscheiden kann. Die meisten der folgenden Pilzarten und ihre häufigen Doppelgänger werden im Kapitel 9 (S. 73 ff.) näher beschrieben. Verzehren Sie nur Pilze, die Sie als essbar erkennen können! Wenn Sie unsicher sind, fragen Sie eine/n Pilzsachverständige/n um Rat. Anerkannte Pilzsachverständige haben eine Prüfung bei einem Pilzverein abgelegt und kennen sich mit Pilzen gut aus. Sie helfen gerne meist ehrenamtlich weiter. Um Pilzsachverständige zu finden, schauen Sie z.B. auf die Webseite eines Pilzvereins in Ihrer Nähe.

Die drei unterschiedlichen Lebensweisen der Pilze – Mykorrhiza, Parasiten und Saprobionten – wurden in der Einleitung bereits beschrieben. Pilze aller drei Lebensweisen können sich auch in Ihrem Garten befinden. Parasiten sind dort vermutlich unwillkommen. Somit sind die Saprobionten und die Symbionten die Pilze der Wahl. Bitte betrachten Sie die folgenden in diesem Kapitel erwähnten Methoden als Spielerei, die nur mit viel Glück zum Erfolg führen. Da sie aber nur wenig Aufwand erfordern, möchte ich sie Ihnen nicht vorenthalten.

Um zu versuchen, Parasol, Pfifferling und Co im Garten anzusiedeln, legen Sie einen ausgewachsenen Fruchtkörper auf eine geeignete Stelle. Damit diese Methode gelingen kann, muss man wissen, welche Pilze auf welchem Substrat wachsen und welchen Standort im Garten sie bevorzugen. Im Folgenden stelle ich die verschiedenen Lebensräume der Pilze vor, mit Hinweisen, welche wohlschmeckenden Arten sich unter welchen Bedingungen wohlfühlen. Außerdem ist es wichtig zu wissen, dass Pilze Feuchtigkeit benötigen, um Fruchtkörper auszubilden. Schauen Sie also einige Tage nach einem ergiebigen Regenguss nach möglichen Leckereien.

Lebensraum Wiese

Wer etwas genauer hinsieht, kann auf Wiesen mehrere essbare Pilzarten entdecken. Häufige Bewohner solcher Lebensräume sind etwa *Nelkenschwindlinge* (Abb. 8).

8 Nelkenschwindlinge sind kleine, leckere Pilze, die oft in sogenannten Hexenringen auf Wiesen wachsen. Als Hexenring bezeichnet man einen Kreis, der aus mehreren Fruchtkörpern gebildet wird.

9 *Schopftintlinge kommen meist in Gruppen auf grasigen Standorten vor.*

Das sind kleine Pilze, die aber meist in Gruppen auftreten, so dass es sich durchaus lohnt, in die Hocke zu gehen und sie zu sammeln. Typisch für die bräunlich gefärbten Fruchtkörper mit meist helleren Lamellen ist der biegsame und dabei strapazierfähige Stiel. Dieser wird für gewöhnlich nicht verzehrt. Nelkenschwindlinge bilden schon ab Mai Fruchtkörper und können bis in den Herbst gefunden werden. Allerdings sind vor allem kleine braune Pilzarten oftmals nur schwer voneinander zu unterscheiden. Häufige giftige Doppelgänger des Nelkenschwindlings sind z.B. Düngerlinge, die aber gewöhnlich sehr zerbrechlich sind. Auch giftige Trichterlinge könnten mit dem Nelkenschwindling verwechselt werden.

Eine weitere Pilzart, die auf Grünflächen im Garten, aber auch in Parks oder an Wegrändern auftreten kann, ist der ***Schopftintling*** (Abb. 9 und 10). Er wird auch Spargelpilz genannt, da er weißem Spargel ähnelt. Wenn er auftaucht, muss man allerdings schnell handeln, da die

10 *Am Hutrand dieses Schopftintlings ist bereits die tintenartige Flüssigkeit, die die Sporen beherbergt, zu sehen.*

11 *Der Parasol zählt zu den größten Speisepilzen, die es bei uns zu finden gibt.*

10

11

Fruchtkörper sehr vergänglich sind. Die schönen weißen Gestalten färben sich binnen kurzer Zeit schwarz und zerfließen tintenartig. Ja, tatsächlich lässt sich aus dieser Flüssigkeit Tinte zum Schreiben herstellen!

Auch der *Riesenschirmling* oder *Parasol* (Abb. 11), ein sehr bekannter und beliebter Speisepilz, ist manchmal im Garten anzutreffen. Der breite Hut mit bis zu 30 cm Durchmesser sitzt auf einem langen dünnen Stiel und ähnelt einem Sonnenschirm. Die Gründe für seine Beliebtheit sind sicher seine stattliche Größe, sein guter Geschmack und der Umstand, dass er nicht groß geputzt werden muss.

Zum Schluss noch eine wahre Delikatesse: die *Speisemorchel* (Abb. 12). Sie wächst gerne an feuchten, humusreichen Stellen, ist aber auch oft an anderen Standorten zu finden. Die Struktur des Hutes ist leicht zu erkennen, wenn die Speisemorchel im Frühling ihre Fruchtkörper aus der Erde schiebt.

Reife Fruchtkörper von Nelkenschwindling, Schopftintling, Riesenschirmling und Speisemorchel können im Hausgarten in der Nähe von Bäumen oder Büschen auf eine grasige, eher schattige Stelle gelegt werden.

12 *Die wabenartigen Struktur des Hutes ist ein gutes Erkennungsmerkmal der Speisemorchel.*

13 *Schwarzschneidige Dachpilze bei einem Kiefernstumpf.*

Lebensraum Totholz

Wenn man Totholz im Garten liegen lässt, erscheinen darauf mit der Zeit diverse Pilzarten und bauen das Holz ab. In unserem Garten wurde vor einigen Jahren eine Kiefer gefällt. Der Stumpf blieb stehen und verrottet seither langsam vor sich hin. In den letzten Jahren konnte ich dort z.B. essbare *Schwarzschneidige Dachpilze* (Abb. 13) ernten.

Man kann hier auch ein wenig nachhelfen. Gute Erfahrungen habe ich beispielsweise mit dem *Judasohr* (Abb. 14) gemacht. Reife Fruchtkörper, auf denen

14 Das Judasohr ist das ganze Jahr über zu finden, wenn die Bedingungen stimmen.

15 Rötelritterlinge wachsen normalerweise im Herbst, sind aber manchmal auch im Frühling zu finden.

die Sporen wie eine Schicht weißer Staub zu erkennen waren, legte ich auf frisch geschnittene und noch feuchte Holunderäste, die sich an einem schattigen Platz befanden. Im darauffolgenden Jahr konnte ich schon einige Judasohren ernten.

Auch für weitere auf Holz wachsende Pilzarten wie ***Austernseitling, Shiitake*** usw. ist diese Vorgehensweise grundsätzlich geeignet. Um die Chance auf eine Ernte deutlich zu erhöhen, können Sie passendes Holz – einen Stamm, dicke Äste und den Stumpf – mit dem gewünschten Pilz beimpfen. Diese Methode wird in Kapitel 6 (S. 25 ff.) näher beschrieben.

Lebensraum Mulch

Die Beerensträucher in unserem Garten bekommen jedes Jahr Mulch aus Laub, Grasabfall und klein gehäckseltem Heckenschnitt. Das Mulchen tut nicht nur den Beerensträuchern gut, auch manche Pilze wie z.B. ***Rötelritterlinge*** (Abb. 15) wissen die Mulchschicht zu schätzen. So haben sich diese Streuzersetzer ohne mein Zutun angesiedelt.

Wenn Sie Rindenmulch in Ihrem Garten ausbringen, könnten Sie im darauffolgenden Frühling nach einer regenreichen Periode dort vielleicht ***Spitzmorcheln*** (Abb. 16) finden. Diese Pilzart gilt wie ihre nahen Verwandten, die Speisemorcheln, als Delikatesse. Sie bilden ebenfalls einen wabenförmigen Hut aus.

Der ***Riesenträuschling*** (Abb. 17) kann auf Mulch aus Holzhäcksel und anderen organischen Abfällen im Garten auftreten. Um ihn längerfristig im Garten anzusiedeln, ist es möglich ein Pilzbeet anzulegen. Wie das funktioniert, wird auf Seite 53 im Kapitel 7.2 beschrieben.

Auf diesen unterschiedlichen Mulch-Materialien können Sie versuchen, die eben beschriebenen Pilzarten anzusie-

16

17

deln, indem Sie ausgewachsene Fruchtkörper auf den feuchten Mulch legen.

Lebensraum Baumwurzeln

Viele schmackhafte Speisepilze wie *Steinpilze, Trüffeln* und *Pfifferlinge* sind Mykorrhizapilze. Um Fruchtkörper auszubilden, benötigen sie ihren Baumpartner.

Um Mykorrhizapilze anzusiedeln, kann man ähnlich vorgehen wie bei den Saprobionten und reife Fruchtkörper des gewünschten Pilzes in den Wurzelbereich des passenden Baumpartners legen. Sind die Bedingungen günstig, verbindet sich das Myzel mit den Baumwurzeln und kann Fruchtkörper hervorbringen.

Eine andere Möglichkeit besteht darin, einen Baumsämling in die Nähe eines Baumes zu pflanzen, bei dem man bereits den gewünschten Pilz gefunden hat. Es könnte dann sein, dass das Myzel des gewünschten Pilzes sich auf die Wurzeln des kleinen Baumes ansiedelt. Nach einer Weile gräbt man die Pflanze wieder aus und pflanzt sie an den gewünschten Standort im Garten. Ein weiterer Versuch, um diese Pilze in den Garten zu bekommen, besteht darin, einfach die passenden Baumpartner der Pilze anzupflanzen. Steinpilze leben gerne mit Fichten, Eichen und Buchen. Auch der Pfifferling ist nicht wählerisch und wächst z.B. bei Fichten, Buchen, Birken und Eichen.

In der Gattung der Trüffel gibt es viele verschiedene Arten, die alle ihre Fruchtkörper unterirdisch in der Nähe der Wurzeln der Baumpartner ausbilden. Die Burgunder Trüffel, auch Sommertrüffel genannt, hat einen angenehmen, leicht nussartigen Geschmack. Sie lebt bevorzugt auf kalkhaltigem Boden mit Eichen und Buchen als Partner. Die Burgunder Trüffel ist auch in Deutschland natürlich verbreitet, daher ist ihre Ansiedlung im eigenen Garten wohl am ehesten möglich. Sehr delikate Trüffelarten wie Perigord und Weiße Trüffel sind bei uns nicht verbreitet und deshalb wohl schwierig anzusiedeln. Mittlerweile ist es möglich, sogenannte „Trüffelbäumchen" zu kaufen. Hier leben die Trüffel bereits mit den Wurzeln des Bäumchens zusammen. Finden Baum und Trüffel im Garten optima-

16
Spitzmorcheln auf Rindenmulch.

17
Der Riesenträuschling heißt auch Kulturträuschling oder Braunkappe. Mit letztgenannter Bezeichnung sorgt er manchmal für Verwirrung, weil ein anderer Speisepilz, der Maronenröhrling auch so genannt wird. Foto: Wolfgang Bivour

le Bedingungen vor, kann nach einigen Jahren erstmals geerntet werden. Wenn keine guten Bedingungen herrschen, etwa wenn die Bodenverhältnisse für den Pilz nicht gut sind oder wenn es besser angepasste Konkurrenten in der Nähe gibt, kann das Trüffelmyzel verdrängt werden und die erhoffte Ernte bleibt aus.

Sollten Ihnen die eben vorgestellten Förder- und Ansiedelungsversuche nicht genügen und wollen Sie Ihre Chancen auf eine Ernte optimieren: In den nächsten Kapiteln werden die Arbeitsschritte für einen erfolgreichen Pilzanbau zuhause vorgestellt.

18
Der Kahle Krempling – auch ein Mykorrhizapilz – lebt in meinem Garten mit einer Birke in Symbiose. Seine Fruchtkörper tauchen gerne im Gemüsebeet auf. Heutzutage zählt er nicht mehr zu den Speisepilzen. Sein Genuss kann sogar zum Tod führen.

3 Erste Schritte: Ein einfaches Experiment mit dem Austernseitling

Zum Einstieg ist ein einfaches kleines Experiment vielleicht gut geeignet, um Ihnen ein erstes Gefühl für den Anbau von Pilzen zu vermitteln. Dabei erleben Sie, wenn alles gut geht, wie sich das Myzel im Substrat ausbreitet und nach einiger Zeit Fruchtkörper ausbildet. Der Austernseitling ist am besten dafür geeignet, weil er ein robuster und eher anspruchsloser Pilz ist. Große Ernten sind aber nicht zu erwarten, da das Experiment nur mit geringen Mengen Substrat durchgeführt wird. Auch kann es sein, dass sich statt des Austernseitlings Schimmel und andere Mikroorganismen ausbreiten. Das Myzel des Austernseitlings ist weißlich gefärbt. Bilden sich anders gefärbte Stellen, handelt es sich um eine Verunreinigung. Dann sollte das Experiment abgebrochen und die Pilzkultur entsorgt werden.

Benötigt werden:

- Ein frischer Fruchtkörper des Austernseitlings aus dem Supermarkt
- Ein 750 ml Schraubglas (z.B. ein leeres Gurkenglas)
- Messer
- Löffel
- Schneidbrett
- Frischer kalter Kaffeesatz
- Leitungswasser

Arbeitsschritte

- Zerschneiden Sie den Austernseitling in kleine Stücke und füllen Sie diese in das Schraubglas.
- Geben Sie nun etwa die gleiche Volumenmenge feuchten Kaffeesatz dazu, vermischen alles und verschließen das Glas locker mit dem Deckel (Abb. 19).
- Nach zwei bis drei Tagen ist bereits eine weiße flaumartige Myzelschicht auf den Pilzstückchen sichtbar. Die Pilzstückchen „treiben“ aus und das Myzel

19
Mischung aus Pilzstücken und Kaffeesatz.

20
Das Myzel wächst in den Kaffeesatz ein.

19

20

21 *Weitere Fütterung mit Kaffeesatz.*

22 *Mit einem Löffel werden Myzel und Kaffeesatz abermals vermischt.*

23 *Die Fruchtkörper sind erntebreit.*

wächst in seine umgebende Nahrung ein (Abb. 20).

- Nach einigen Tagen, wenn der Kaffeesatz vom Myzel durchwachsen ist und weiß aussieht, ist es Zeit, dem Pilz weitere Nahrung zuzuführen (Abb. 21). Dazu geben Sie die gleiche Volumenmenge Kaffeesatz zu und vermischen alles gut mit einem Löffel (Abb. 22).
- Diesen Vorgang wiederholen Sie zwei bis dreimal, bis das Schraubglas etwa halbvoll ist.
- Nun wird das Schraubglas in eine helle und eher kühle Umgebung gestellt. Füllen Sie nun jeden Tag etwas Wasser in das Schraubglas, am besten an der Glaswand entlang, und schütten es wieder aus. So entsteht eine feuchte Umgebung im Glas. Der Deckel bleibt nun halb geöffnet, damit genug Frischluft in das Innere des Glases kommt.
- Für gewöhnlich fängt das Myzel nach kurzer Zeit an, kleine weiße Knubbel zu bilden. Diese wachsen dann zu Fruchtkörpern heran. Wachsen die Fruchtkörper über den Rand des Glases hinaus, wird der Deckel gänzlich entfernt (Abb. 23).
- Nach einigen Tagen können die Fruchtkörper geerntet werden.

4 Die 6 Schritte beim Pilzanbau – eine Übersicht

Ein kompletter Zyklus im Pilzanbau kann in sechs Schritte unterteilt werden. Jeder dieser Schritte wird im Folgenden kurz erklärt, damit Sie einen Überblick erhalten. Um Pilze anzubauen, ist es aber nicht notwendig, alle Schritte des Zyklus selbst durchzuführen, da man manche Zwischenergebnisse auch als Produkte kaufen kann (Tabelle 1).

Absolute Neulinge beginnen vielleicht bei Schritt 5 und machen sich nach und nach mit den vorhergehenden Schritten vertraut. Manche Hobbyanbauer, die sich weniger Ausrüstung anschaffen möchten und wenig Zeit haben, begnügen sich damit, bei Schritt 3 einzusteigen. Ein erfahrener Pilzanbauer aber, der fasziniert ist von den Pilzen, wird vermutlich den kompletten Zyklus selbst durchführen.

Schritt 1: Herstellung der Reinkultur

Das Ziel des ersten Schrittes besteht darin, das Myzel des gewünschten Pilzes in sehr sauberer Umgebung auf einem speziellen Nährboden anzusiedeln. Man benötigt dazu einen Teil des gewünschten Pilzes, entweder vegetatives Myzel, einen Fruchtkörper oder die Sporen daraus.

Es gibt mehrere Möglichkeiten, eine Reinkultur zu erhalten:

Variante 1: Am einfachsten ist es, eine fertige Reinkultur zu kaufen.

Variante 2: Es ist möglich, eine Reinkultur aus einer anderen Reinkultur herzustellen. Dazu wird ein wenig Myzel aus der Reinkultur entnommen und auf den Nährboden gegeben, auf dem das Myzel weiterwächst.

Variante 3: Das Myzel kann auch aus dem Fruchtkörper des gewünschten Pilzes gewonnen werden. Dazu schneidet man ein

Tabelle 1: Die Produkte der einzelnen Schritte und ihre Bezeichnung im Handel.

Schritt	Produkt	Was ist das?	Kann man kaufen als
1	Reinkultur	Myzel auf speziellem Nährboden	Reinkultur (Abb. 24)
2	Pilzbrut	Vermehrtes Myzel, z.B. in Getreide oder Holzdübeln	Pilzbrut (Abb. 25)
3	Beimpftes Substrat	Myzel in endgültiger Nahrungsquelle (z.B. Baumstämme, Strohballen, Sägespäne)	
4	Durchwachsenes Substrat	Wie 3, nur fertig besiedelt	
5	Fruchtungsreifes Substrat	Wie 3, nun bereit zur Fruchtkörperbildung	Fertigkultur (Abb. 26), Baumstamm-Fertigkultur
6	Fruchtkörper	Der essbare Teil des Pilzes	Speisepilz (Abb. 27)

24 Reinkultur.

25
Beinahe fertig besiedelte Pilzbrut.

26
Shiitake Fertigkultur.

Stück aus dem Inneren des Fruchtkörpers, den Sie z.B. aus dem Supermarkt haben, heraus und legt es auf den Nährboden. Das Stück beginnt auszuwachsen und breitet sich als Myzel auf dem Nährboden aus. Nun lässt sich auch ein Mittelding aus Reinkultur und Pilzbrut herstellen. Dafür gibt man einfach ein Stück Fruchtkörper auf Getreide. Diese Vorgehensweise empfehle ich dem Hobbyanbauer, der keine großen Ambitionen hat und dem Neuling, weil sie sehr zeitsparend ist.

Variante 4: Eine weitere Alternative besteht darin, aus Sporen eine Reinkultur herzustellen. Diese Variante ist etwas für Leute, die gerne experimentieren und für den „normalen" Hobbyanbauer nicht nötig. Daher wird hier nur kurz das Prinzip beschrieben: Als erstes werden die Sporen gesammelt, indem der Hut des Fruchtkörpers auf eine trockene, sehr saubere Unterlage gelegt wird. Nach einigen Stunden sind die Sporen als „Staub" auf der Unterlage sichtbar. Aus diesem sogenannten Sporenabdruck kratzt man nun Sporen ab und bringt sie auf dem Nährboden aus, wo sie keimen und Myzel ausbilden. Aus dieser Multikultur wiederum erhält man durch Vereinzelungsschritte auf weiteren Nährböden schließlich eine Reinkultur bestehend aus einem Organismus.

Schritt 2: Herstellen der Pilzbrut

Hat sich nun das Myzel genügend entwickelt, wird es im nächsten Schritt unter sauberen Bedingungen auf Getreide oder Holzdübeln vermehrt. Mit der so hergestellten Pilzbrut kann man direkt zum nächsten Schritt übergehen oder aber weitere Pilzbrut herstellen, also die Pilzbrut vermehren.

Schritt 3: Beimpfen des Substrats

In diesem Schritt wird die Pilzbrut in dem endgültigen Substrat verteilt. Als Substrat können zum Beispiel Baumstämme, Strohballen oder Sägespäne dienen.

Schritt 4: Durchwachsphase

Während der Durchwachsphase breitet sich das Myzel im Substrat aus. Das kann je nach Substrat, Pilzart und den Umweltbedingungen wenige Wochen oder auch mehrere Monate dauern.

Schritt 5: Fruchtkörperbildung am endgültigen Standort

Ist die Durchwachsphase abgeschlossen, ist es Zeit, die Pilzkultur an einen Standort mit guten Bedingungen zur Bildung von Fruchtkörpern zu bringen. Im Garten ist dies ein möglichst vollschattiger, feuchter und windstiller Ort. In Innenräumen ist eine helle Umgebung mit Frischluft und hoher Luftfeuchtigkeit wichtig.

Schritt 6: Ernte

Bei der Ernte sollten die Fruchtkörper nicht zu alt sein. Das erkennt man bei den meisten kultivierbaren Pilzarten daran, dass der Hutrand noch nach unten geneigt ist. Pilze sind generell leicht verderblich und sollten am besten direkt nach der Ernte verzehrt werden. Im Kühlschrank bleiben sie abgedeckt je nach Art bis zu einigen Tagen verwendbar. Um ihre Haltbarkeit zu verlängern, können sie z.B. eingefroren oder getrocknet werden.

27 Speisepilze im Supermarkt: Champignons, Shiitake, Austernseitlinge und Kräuterseitlinge.

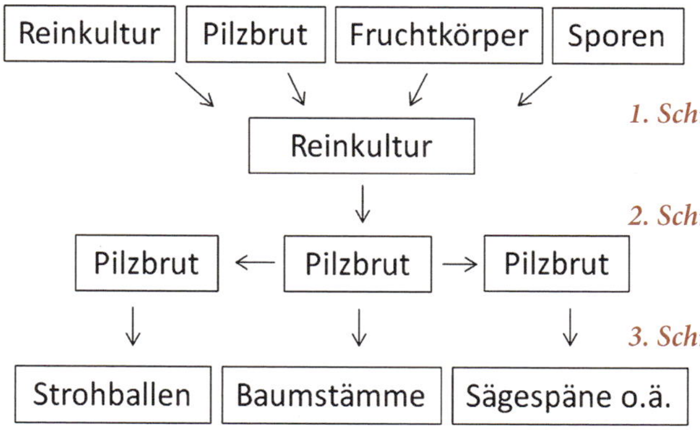

28 Wichtige Stadien der Pilzzucht im Überblick.

29 So könnte ein Pilzgarten aussehen.

5 Warum Sauberkeit so wichtig ist

Bevor wir nun mit den ersten praktischen Schritten beginnen, ist hier der grundsätzliche Hinweis angebracht, dass eine saubere Umgebung, sauberes Arbeiten und eine entkeimte Pilznahrung Grundvoraussetzung für den erfolgreichen Pilzanbau ist. Zumindest bei den ersten zwei bzw. manchmal auch bei den ersten drei Schritten ist es wichtig, größtmögliche Sauberkeit zu gewährleisten. Das ist wohl auch ein Grund, warum manch einer erst bei Schritt 3 mit dem Pilzanbau anfängt.

Auf unserem Körper, den Arbeitsmitteln für den Pilzanbau und in der Luft tummeln sich viele kleine Lebewesen (Bakterien, Schimmelpilze) bzw. ihre keimfähigen Vermehrungseinheiten (Sporen), die nicht auf die Pilznahrung oder auf das gewünschte Myzel gelangen sollen. Auf der Nahrung würden sie sich ausbreiten und dem gewünschten Pilz die Nährstoffe streitig machen. Auch in der Pilznahrung befinden sich unerwünschte Mikroorganismen, die es zu entfernen gilt. Im Pilzanbau werden solche Organismen als Verunreinigung oder auch Kontamination bezeichnet.

Im Folgenden gebe ich einige Hinweise, wo es besonders wichtig ist, auf Sauberkeit zu achten, und wie man das erreicht.

Persönliche Hygiene

Im Optimalfall haben Sie geduscht, die Haare gewaschen und sind frisch gekleidet, bevor Sie versuchen, Pilze zu vermehren. Die Hände sollten nach dem Waschen zusätzlich desinfiziert werden. Ein Desinfektionsmittel dafür ist z.B. 70% iges Ethanol. Bei oftmaliger Anwendung trocknet der Alkohol allerdings die Haut aus, weshalb dann saubere Kunststoffhandschuhe als Schutz zu empfehlen sind.

Saubere Arbeitsumgebung

Arbeitsraum: Um Pilze anzubauen, benötigt man eine leicht zu reinigende Arbeitsfläche (etwa 1 m^2 für den Hobbyanbauer, der im kleinen Stil arbeitet), einen Herd, Leitungswasser, einen Kühlschrank, eine Lagermöglichkeit und weitere Dinge. Wer also keinen Hobbyraum zur Verfügung hat, wird vermutlich die Küche als Arbeitsraum nutzen. Bevor Sie sich ans Werk machen, ist der Arbeitsraum im Idealfall frisch geputzt und gelüftet.

Impfbox: Um Fremdkeime aus der Luft fernzuhalten, gibt es mehrere Möglichkeiten. Eine sehr kostengünstige Variante ist eine Impfbox. Zwar ist der Schutz vor Fremdkeimen hier nicht komplett gegeben, für Hobbyanbauer, die im kleineren Stil arbeiten, ist sie aber durchaus ausreichend. Im einfachsten Fall besteht sie aus einem verschließbaren transparenten Kunststoffbehälter, in den 2 runde Löcher geschnitten werden (Abb. 30). Der Innenraum der Box wird vor dem Einsatz desinfiziert. So können die nötigen Arbeitsschritte in einer sauberen Umgebung durchgeführt werden.

Bunsen- oder Fonduebrenner: Wem der Bau einer Impfbox für den Anfang zu umständlich erscheint, kann auch dicht neben einer Flamme arbeiten. Durch die Hitze steigt warme Luft in der Nähe der Flamme auf und zieht kältere Luft aus der Umgebung nach oben. So entsteht unterhalb der Flamme ein Bereich, in dem kaum Luft ausgetauscht wird. Dort kann man sauber arbeiten. Ein Bunsenbrenner ist ideal dafür geeignet. Alternativ reicht auch ein Fonduebrenner oder ein anderer hitzebeständiger Behälter mit Brennstoff aus. Als Brennstoff ist z.B. Brennspiritus (flüssig oder als Paste) gut geeignet, da dieser beim Brennen viel weniger rußt als zum Beispiel eine Kerze.

Bei der Arbeit mit offenen Flammen sind natürlich entsprechende Sicherheitsvorkehrungen einzuhalten. Benutzen Sie Ihren gesunden Menschenverstand und achten Sie darauf, dass die Flamme nicht in die Nähe brennbarer Materialien oder von Wänden gerät. Auch alkoholische Desinfektionsmittel sollten nicht in der Nähe der Flamme stehen, da sie leicht entzündlich sind. Wenn Sie Arbeitsflächen oder anderes desinfizieren, halten Sie einen ausreichenden Sicherheitsabstand ein und sprühen Sie das Mittel stets von der Flamme weg.

Sterilbank: Am besten geeignet, um Bakterien und Co fernzuhalten, ist eine sogenannte Sterilbank (Reinluftbank) oder Sicherheitswerkbank, d.h. ein Gehäuse, das die eigentliche Arbeitsfläche schützt. An der Vorderseite des Gehäuses befindet sich eine Öffnung, durch die man arbeiten kann. Gefilterte Luft strömt über die Arbeitsfläche und wird aus der Öffnung herausgeblasen. So wird das Eindringen von Mikroorganismen in das Gehäuse weitgehend vermieden. Da eine solche Sterilbank teuer ist, rentiert sich die Anschaffung für den Hobbyanbau gewöhnlich nicht.

Handwerklich Geschickte können sich aber selbst eine vereinfachte Version bauen. Dafür wird zum einen ein HEPA-Filter benötigt, der die Luft von Fremdkeimen filtert, und ein Gebläse. Das Gebläse drückt die Luft durch den HEPA-Filter, die dann gefiltert in den Arbeitsbereich geführt wird, so dass dort sauber gearbeitet werden kann.
Anleitungen zum Bau finden Sie im Internet, z.B. unter http://www.orchideenvermehrung.at/lfh/index.htm

30
Um in sauberer Umgebung arbeiten zu können, ist die Verwendung einer Impfbox sinnvoll.

Bau einer Impfbox

Benötigt wird eine transparente Kunststoffbox mit Deckel, z.B. aus einem Baumarkt, mit den ungefähren Maßen 40 cm (Höhe) x 40 cm (Breite) x 60 cm (Länge).
An einer der beiden Längsseiten werden mittig nebeneinander zwei runde Öffnungen eingeschnitten. Diese sollten so groß sein, dass die Hände sowie Arbeitsmaterialien wie Schraubgläser etc. durchgeführt werden können. Je nach Material der Box lassen sich die Öffnungen herstellen, indem man z.B. mit einem Bohrer viele kleine Löcher nebeneinander im Kreis bohrt und dann die verbliebenen Stege mit einem Teppichmesser durchtrennt. Es empfiehlt sich, die Lochränder mit einer Feile zu glätten und mit festem Klebeband abzukleben, um scharfe Kanten zu überdecken.
Wenn die Impfbox nicht benötigt wird, sollten die Öffnungen zugeklebt werden, damit keine Fremdkeime in die Box gelangen.

31
Die benötigten Werkzeuge aus Metall werden einige Sekunden in die Flamme gehalten, um eventuell vorhandene Mikroorganismen abzutöten.

32
Um die Pilznahrung sauber zu bekommen, wird diese in hitzebeständigen Behältern wie Schraubgläsern oder Petrischalen in einem Schnellkochtopf erhitzt.

Sterilisieren der Arbeitsmittel und Pilznahrung durch Erhitzen

Arbeitsmittel sterilisieren: Um die Arbeitsgeräte wie z.B. ein Skalpell möglichst sauber zu bekommen, wird die Spitze für einige Sekunden in die Flamme gehalten, bis sie glüht. Idealerweise wird auch hier eine möglichst rußarme Flamme benutzt, was mit Brennspiritus beispielsweise in einem Spiritusbrenner, Fonduebrenner (Abb. 31) oder einem anderen hitzebeständigen Behälter zu erreichen ist. Auch ein Flambierbrenner (kleiner Propan- oder Butan-Gasbrenner) ist für solche Arbeiten möglich.

Pilznahrung: Um die Nahrung für die Pilze möglichst frei von anderen Kleinstlebewesen zu bekommen, wird diese sterilisiert. Vor allem bei den ersten zwei Schritten des Pilzanbaus, also bei der Herstellung der Reinkultur und der Pilzbrut, ist die Sterilität der Nahrung außerordentlich wichtig.

Hitzestabile Nahrungsbehälter:
Die Pilznahrung muss in hitzebeständigen Behältern sterilisiert werden. Als Behälter gut geeignet sind Schraubgläser; z.B. haben leere Essiggurken- oder Marmeladengläser etwa die richtige Größe. Als weitere Nahrungsbehälter sind sogenannte Glaspetrischalen zu empfehlen. Das sind flache transparente Behälter mit Deckel. Pilzanbauprofis verwenden zusätzlich für die Herstellung größerer Nahrungsmengen sogenannte (Mikro-) Filterbeutel. Das sind spezielle Kunststoffbeutel, die hohe Temperaturen aushalten und einen Gasaustausch bei gleichzeitigem Schutz vor Mikroorganismen gewährleisten.

Sterilisieren durch Schnellkochtopf:
Das Sterilisieren der Nahrung erreicht man in einem sogenannten Autoklaven. Pilzanbauprofis haben meist einen großen, allerdings recht teuren Autoklaven zu Hause.

Für den Hobbyanbau im kleinen Maßstab ist ein Schnellkochtopf ausreichend. Dieser sollte aber nicht zu klein sein, damit genügend Nahrungsbehälter hineinpassen. Die kleinsten Schnellkochtöpfe haben ein Fassungsvermögen von etwa 2,5 l (Abb. 32) und sind am kostengünstigsten. Darin haben aber nur etwa 4 - 5 Glaspetrischalen oder 1 - 3 kleinere Schraubgläser Platz. Welche Größe Sie am Ende wählen, ist davon abhängig, wie intensiv Sie Pilzanbau betreiben möchten und wieviel Geld Sie ausgeben können.

Abschließend möchte ich nochmals darauf hinweisen, dass die gerade erwähnten Punkte nur notwendig sind, wenn Sie alle Schritte im Pilzanbau selber machen möchten. Diese Arbeitsschritte und Anschaffungen entfallen, wenn Sie bei Schritt 3 beginnen, also die fertig hergestellte Pilzbrut erwerben und dann das Substrat damit beimpfen.

Warum funktioniert die Sterilisation der Pilznahrung im Schnellkochtopf viel besser als im Backofen?

Die Antwort zu dieser Frage liegt in dem erhöhten Druck im Schnellkochtopf und in der unterschiedlichen Wärmekopplung von Luft und Wasser, beziehungsweise Wasserdampf. Was bedeutet das? Die Wärmekopplung beschreibt, wie einfach Wärme von einem Material auf das andere übertragen werden kann. Die Übertragung der Wärme von Wasser auf organische Materialien ist sehr effizient (gute Wärmekopplung), die von Luft ist sehr viel schlechter. Das kennen Sie vielleicht auch aus eigener Erfahrung: ein Vollbad wird schon zu heiß, wenn die Wassertemperatur etwa 40°C übersteigt. In einer Dampfsauna ist eine Temperatur von ca. 50°C ideal, während in einer Trockensauna auch schon mal Lufttemperaturen über 100°C erreicht werden. Dass wir so verschiedene Temperaturen als gerade noch angenehm empfinden, liegt an der unterschiedlichen Wärmekopplung von Wasser und Luft mit unserer Haut. Die Sterilisation im Ofen ist mit der Trockensauna vergleichbar und der Schnellkochtopf mit der Dampfsauna. Man braucht also im Ofen höhere Temperaturen und müsste länger heizen, um denselben Effekt zu erreichen. Deshalb werden so nur sehr hitzebeständige und trockene Materialien wie z.B. Glaswaren sterilisiert. Der erhöhte Druck im Schnellkochtop hat zwei Effekte. Zum Einen wird der Siedepunkt des Wassers erhöht. So wird die bessere Wärmekopplung des Wassers optimal genutzt. Zum Anderen wird die dampfhaltige Luft noch zusätzlich durch das Substrat gepresst und sorgt somit für eine noch bessere Kopplung.

Bei welchem Schritt nötig?	Ausrüstung	Was ist das?	Wo bekomme ich das?
u.U. Schritt 1	Agar	Gelatine ähnlich, verfestigt die Pilznahrung	Bioladen, online, Pilzshops
u.U. Schritt 1	Malzextrakt	Andere Bezeichnungen: Gerstenmalz, Malzsirup Honigähnliche Pilznahrung, auch als Pulver erhältlich	Bioladen, online, Naturkostladen, Pilzshops
u.U. Schritt 1	Petrischale	Durchsichtiger, runder Behälter mit Deckel; darin wächst Myzel auf seiner Nahrung	Laborbedarf, Pilzshops, online
Schritt 1, 2 und u.U. 3	Schnellkochtopf mit Einsatz	Spezieller Kochtopf für die Sterilisation der Pilznahrung	Haushaltswarenladen, online
Schritt 1, 2 und u.U. 3	Autoklav	Einem Schnellkochtopf ähnlich, ist aber meist größer und teurer; nicht erforderlich für den Hobbyanbauer, der im kleinen Rahmen arbeitet	Laborbedarf, Pilzshops, online
u.U. Schritt 1, 2 und 3	Impfbox	Verschließbarer, durchsichtiger Kunststoffbehälter mit zwei Öffnungen, in dem sauber gearbeitet werden kann	Baumarkt, Haushaltswarenladen, online
u.U. Schritt 1, 2 und 3	Sterilbank	Ähnlich wie Impfbox, aber effektiver und teurer; nicht erforderlich für den Hobbyanbauer, der im kleinen Rahmen arbeitet	Laborbedarf, online oder selber bauen
Schritt 1, 2 und u.U. 3	Rußarme Flamme	Eine Flamme, in der wenig Ruß entsteht, wie z.B. beim Verbrennen von Brennspiritus; Geeignete Behälter dafür sind Fonduebrenner, Spiritusbrenner oder andere hitzestabile Gefäße	Haushaltswarenladen, Laborbedarf, online
Schritt 1, 2 und u.U. 3	Desinfektionsmittel	Mittel zum Abtöten von Mikroorganismen, z.B. 70%iges Ethanol	Apotheke, Laborbedarf, online

Tabelle 2
Wichtige Utensilien und Materialien für den Pilzanbau.

33
Zur Herstellung von Nährboden aus Wasser, Malzextrakt und Agar sind Meßbecher Haushaltswaage und ein Kochtopf mit Schnabel (Ausgießer) sehr hilfreich.

6 Pilzanbau auf Baumstämmen – Schritt für Schritt

Auf den folgenden Seiten wird der Anbau von Speisepilzen in 6 Schritten erläutert. Das Ganze wird am Beispiel des Pilzanbaus auf Baumstämmen erklärt. Diese Schritte sind – in leicht abgewandelter Form – auch für den Anbau auf anderen Substraten wie Strohballen, Holzhäcksel, Sägespänen, Strohpellets oder Kaffeesatz nötig.

Möchte man alle 6 Schritte durchführen, ist eine bestimmte Ausrüstung erforderlich. Das eine oder andere davon findet sich bestimmt schon in Ihrem Haushalt. In der Tabelle 2 sind die wichtigsten Utensilien und Materialien aufgeführt, die Sie vielleicht noch nicht kennen.

Es ist aber nicht notwendig, alle Schritte im Pilzanbau selbst auszuführen. Einigen Hobbyanbauern genügt es, bei Schritt 3 zu beginnen, d.h. beim Erwerb der fertigen Pilzbrut, die dann nur mehr in das endgültige Substrat eingebracht wird. Es ist aber auch möglich, gleich beim vorletzten Schritt 5 zu beginnen. Dann kauft man sogenannte Fertigkulturen, da hat das Myzel das Substrat bereits durchwachsen. Hier hat man den geringsten Arbeitsaufwand, der sich vor allem auf die Pflege und Ernte beschränkt.

Die einzelnen Schritte des Pilzanbaus sind:

Schritt 1: Herstellung der Reinkultur
Schritt 2: Die Pilzbrut herstellen
Schritt 3: Beimpfen der Baumstämme
Schritt 4: Die Durchwachsphase
Schritt 5: Fruchtkörperbildung am endgültigen Standort
Schritt 6: Die Ernte

Zu jedem der einzelnen Schritte werden zuerst die Grundlagen und einige Fachbegriffe behandelt. Danach folgt die genaue Arbeitsanleitung mit einer Liste des benötigten Materials und dem genauen Vorgehen.

Schritt 1: Herstellung der Reinkultur

Der Pilzanbau beginnt meist mit einer Reinkultur. Eine einfachere Alternative zur Reinkultur ist weiter hinten erklärt. Es handelt sich dabei um ein Mittelding zwischen Reinkultur und Pilzbrut. Wechseln Sie jetzt also auf die Seite 32, wenn Sie Neuling oder „normaler“ Pilzanbauer sind. Für ambitionierte Leute sind wahrscheinlich die nun kommenden Schritte zur Herstellung einer Reinkultur interessant, da sie so am saubersten arbeiten und verschiedene Pilzarten gut aufbewahren können.

Ein Nährboden für die Reinkultur

Ein Nährboden ist eine geeignete Nahrungs- und Aufbewahrungsquelle für Pilze. Er besteht aus Nährstoffen, Wasser und einem festen Trägermaterial. Ein einfaches und kostengünstiges Rezept für einen solchen Nährboden besteht aus Wasser, Agar (= Trägermaterial) und Malzextrakt (= Aufstrich, ähnlich wie Honig).

Es gibt unterschiedliche Rezepte, aber das genannte ist erst einmal gut geeignet.

Viele Pilzarten gedeihen darauf, z.B. Austern-, Lungen-, Zitronen- und Rosenseitlinge, Shiitake, Igelstachelbart, Stockschwämmchen, Graublättriger Schwefelkopf und Südlicher Ackerling. Allerdings ist ein Kulturstamm des Kräuterseitlings bei mir auf diesem Nährboden nur sehr schlecht gewachsen. Ein Kulturstamm ist eine bestimmte Variante einer Pilzart, die zum Pilzanbau verwendet wird. Im Pflanzenreich ist das Äquivalent dazu die Sorte.

Zur Herstellung des Rezepts werden die Zutaten abgewogen, kurz aufgekocht und in flüssiger Form in geeignete Behälter gegossen, in denen sie aushärten (Abb. 34 und 35). Füllen Sie die Behälter maximal bis zur Hälfte voll. Ansonsten kann es sein, dass der Inhalt später überkocht. Passende Behälter sind sogenannte Petrischalen. Das sind kleine transparente Behälter aus Glas oder Kunststoff mit Deckel. Für diese Methode sind aber nur Glaspetrischalen verwendbar, weil diese hoch erhitzt werden können. Geeignete Glaspetrischalen haben einen Durchmesser von 10 cm, eine Höhe von 2 cm, kosten ca. 2 € pro Stück (Stand 2021) und können wieder verwendet werden. Wer sich den Kauf von Petrischalen vorerst ersparen möchte, kann auch mit kleinen, möglichst breiten Schraubgläsern (etwa leeren Marmeladengläser) vorlieb nehmen. In die Mitte des Deckels sollte ein Loch gebohrt werden, falls keine Bohrmaschine zur Hand ist ggf. auch mit Schraubenzieher und Hammer (vgl. Abb. 46 und 47). In das Loch wird Watte gesteckt, um einen Luftaustausch zu gewährleisten und das Innere gleichzeitig vor Fremdorganismen zu schützen.

Nach dem Aushärten des Nährbodens werden die Petrischalen zur leichteren Handhabung und zum zusätzlichen Schutz gestapelt in Alufolie eingewickelt und danach im Schnellkochtopf sterilisiert. Die Sterilisation dient der Ausschaltung möglicher Konkurrenzorganismen in der Pilznahrung.

Dafür wird der Schnellkochtopf mit etwas Wasser gefüllt, der Einsatz eingesetzt und die Petrischalen darauf gestellt (Abb. 36). Danach verschließt man den Schnellkochtopf und schaltet den Herd ein. Haben Sie bisher mit der Handhabung eines Schnellkochtopfs keine Erfahrung, lesen Sie die Gebrauchsanweisung und halten sich daran. In einem kleinen 2,5 l-Schnellkochtopf ist Platz für 4-5 Petrischalen. Die Sterilisationsdauer beträgt dann etwa

34
Ein einfaches Rezept für einen Nährboden besteht aus Wasser, Malzextrakt und Agar. Die Zutaten werden kurz aufgekocht und gerührt, damit sie sich gut vermischen.

35
Das flüssige Nährmedium wird in die Glaspetrischalen gegossen.

34

35

25 Minuten. Wer größere Mengen sterilisieren möchte, sollte eine entsprechend längere Sterilisationszeit einplanen. Bedenken Sie, dass während und direkt nach der Sterilisation der Inhalt der Petrischalen wieder flüssig ist, also bewegen Sie den Kochtopf nicht und lassen ihn nach der Sterilisation am besten am Herd stehen, bis er kalt ist. Vor dem Erkalten legen Sie zusätzlich noch ein sauberes, feuchtes Geschirrtuch über den noch geschlossenen Schnellkochtopf, damit die Luft, die beim Druckausgleich des abkühlenden Kochtopfes hereingezogen wird, zumindest etwas gefiltert wird.

Ist der Schnellkochtopf kalt, können Sie die Petrischalen mit sauberen Händen herausnehmen und mit einem frisch gewaschenen Geschirrtuch abtrocknen. Hier ist unbedingt darauf zu achten, dass die Petrischalen nicht geöffnet werden, da sich sonst leicht Fremdorganismen aus der Luft auf dem Nährboden festsetzen können.

Falls sich in den Petrischalen Kondenswasser gesammelt hat, ist es wichtig, dieses verdunsten zu lassen. Der Nährboden sollte danach oberflächlich komplett trocken sein. Ist das nicht der Fall, kann das Myzel nicht gut wachsen und die Gefahr von Verunreinigungen steigt. Zum Trocknen sollten die Petrischalen etwa 3 Tage bei Raumtemperatur aufbewahrt werden, am besten in der Impfbox oder in einer anderen sauberen Umgebung (Abb. 37). Dieser Schritt bietet zusätzlich den Vorteil, dass Verunreinigungen des Nährbodens frühzeitig erkannt werden können. Diese treten meist als Kreise in den verschiedensten Farben auf dem Nährboden in Erscheinung. Sind nur ein oder zwei Verunreinigungen sichtbar, können sie mit einem Skalpell unter sauberen Bedingungen herausgeschnitten werden. Ist aber der ganze Nährboden befallen, sollte er weggeworfen werden. In diesem Fall kann es ratsam sein, beim nächsten Versuch die Sterilisationsdauer zu erhöhen.

Sind keine Kontaminationen auf dem Nährboden zu entdecken, kann damit nun die Reinkultur hergestellt werden; anderenfalls werden die Petrischalen verpackt im Kühlschrank bis zur Verwendung aufbewahrt. Übrigens: Im Handel sind auch bereits fertige Nährböden in Petrischalen erhältlich.

36
Vor dem Erhitzen im Schnellkochtopf werden die Petrischalen in Alufolie gewickelt.

37
Zum Trocknen kommen die Petrischalen mit dem Nährboden am besten in die Impfbox.

36

37

Die Herstellung von Nährboden

Benötigt werden:

- Gut zu lüftender und zu reinigender Arbeitsraum (z.B. Küche) mit etwa 1 m^2 Arbeitsfläche.
- Küchenherd, Kühlschrank
- Schnellkochtopf plus Siebeinsatz
- Kochtopf, Löffel, Schneebesen
- Küchenwaage
- Glaspetrischalen
- Alufolie, Gefriertüte
- Agar, Gerstenmalz, Wasser
- sauberes Geschirrtuch, Spülmittel, Lappen
- Impfbox

Zur Herstellung des Nährbodens
für ca. 15 Petrischalen (10 cm ø, 2 cm Höhe) werden gebraucht:

- 10 g Gerstenmalz (Bioladen, online)
- 10 g Agar (Bioladen, online)
- 500 g Wasser

Arbeitsschritte

1. Arbeitsraum lüften und danach Arbeitsfläche und Hände reinigen.
2. Glaspetrischalen auf die Arbeitsfläche stellen und die Deckel jeweils danebenlegen.
3. Agar, Gerstenmalz und Wasser laut Rezeptur im Kochtopf einwiegen.
4. Die Mischung im Topf aufkochen und unter Rühren kurz köcheln lassen, bis sich die Zutaten aufgelöst und gut vermischt haben.
5. Petrischalen bis zur Hälfte mit dem heißen, flüssigen Nährmedium füllen und ohne Deckel auskühlen lassen, bis es fest und kalt ist.
6. Nach dem Auskühlen die Deckel auf die Petrischalen aufsetzen, stapeln und gestapelt in Alufolie einwickeln.
7. Etwas Wasser in den Schnellkochtopf füllen, den Einsatz hineingeben und die Petrischalen daraufstellen. Danach wird der Deckel des Kochtopfs fest verschlossen und der Herd eingeschaltet. In einem kleinen Schnellkochtopf passen nicht mehr als 4-5 Petrischalen. Hier reicht es aus, für ca. 25 min bei vollem Druck zu sterilisieren. Die Zeitdauer ist anzupassen, wenn mehrere Petrischalen gleichzeitig in einem größeren Schnellkochtopf sterilisiert werden sollen.
8. Nach dem Sterilisieren den Schnellkochtopf geschlossen auf dem Herd stehen lassen und ein sauberes, feuchtes Geschirrtuch über den Topf legen.
9. Nach dem Erkalten wird der Schnellkochtopf geöffnet, die Petrischalen mit sauberen Händen aus der Alufolie entnommen und mit einem frisch gewaschenen Geschirrtuch abgetrocknet.
10. Falls in den Petrischalen Kondenswasser auftritt, werden diese in einer sauberen Umgebung, am besten in der Impfbox, etwa 3 Tage lang getrocknet.
11. Danach schaut man sich jede Petrischale genau an, ob sich Verunreinigungen auf dem Nährboden befinden. Sind sie sauber, können sie bis zum Gebrauch gut in einem Gefrierbeutel verpackt im Kühlschrank gelagert werden.

Die Reinkultur

Der Zweck der Reinkultur besteht darin, das Myzel in einer sehr sauberen Umgebung anwachsen zu lassen und zu halten. Dann kann man immer wieder darauf zurückgreifen, bis es an der Zeit ist, eine neue Reinkultur aus der nunmehr alten herzustellen.

Die Reinkultur wird am besten in einer Impfbox oder einer Sterilbank mit sterilisierten Materialien und Werkzeug hergestellt (Abb. 38). Alle Utensilien, Arbeitsflächen und Hände sollten vor Beginn der Arbeiten desinfiziert werden, um Verunreinigungen so weit wie möglich auszuschließen. Trotzdem müssen Sie mit einigen Ausfällen rechnen, wenn Sie nur mit einer Impfbox arbeiten.

Nach diesen Vorkehrungen werden nun in der Impfbox 1 - 3 Stücke Myzel mit Nährboden (Kantenlänge pro Stück etwa 3 mm) aus einer bereits fertigen Reinkultur herausgeschnitten und auf dem frischen Nährboden einer anderen Petrischale platziert. Wie dies gemacht wird, zeigen die Abb. 39 bis 43. Nach zwei bis drei Wochen hat sich das Myzel auf dem Nährboden ausgebreitet (Abb. 44) und die Reinkultur ist fertig. Abb. 45 zeigt eine Reinkultur mit einem Schimmelpilz. Diese ist natürlich nicht für eine weitere Verwendung zu gebrauchen und muss entsorgt werden. Ist die Reinkultur frei von Verunreinigungen, kann sie im nächsten Schritt für die Herstellung von Pilzbrut verwendet werden. Danach kann man sie im Kühlschrank bis zu einem Jahr aufbewahren. Dann ist es Zeit, aus dieser nun alten Reinkultur wieder eine neue zu fertigen, damit das Myzel u.a. wieder frische Nahrung bekommt.

Als Alternative zur fertigen Reinkultur kann auch ein Fruchtkörper dafür genutzt werden, um eine neue Reinkultur herzustellen. Die erwähnten Möglichkeiten werden nun im Folgenden genau beschrieben.

38
Um die Reinkultur in sauberer Umgebung herzustellen, wird in einer Impfbox gearbeitet.

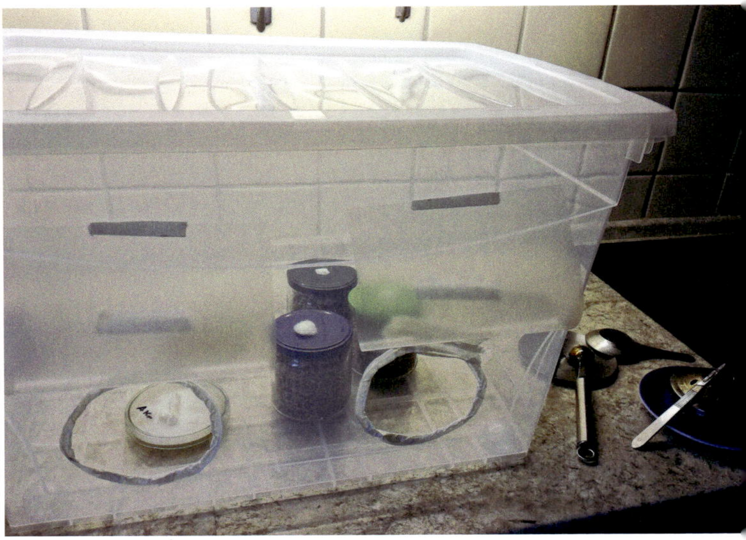

Eine Reinkultur herstellen

Es gibt mehrere Möglichkeiten, eine Reinkultur herzustellen bzw. zu vermehren,
a) aus einer anderen Reinkultur,
b) aus einem Fruchtkörper.

Benötigt werden:

- Gut zu lüftender und zu reinigender Arbeitsraum (z.B. Küche) mit etwa 1 m^2 Arbeitsfläche.
- Spülmittel, Lappen
- Desinfektionsmittel in Sprühflasche (z.B. 70%iges Ethanol)
- Petrischale mit Nährboden
- Frischhaltefolie, Gefriertüte
- Reinkultur (a),
  oder Fruchtkörper, z.B. aus dem Supermarkt (b)
- Rußarme Flamme (z.B. mit Brennspiritus im Fondue Brenner) und Feuerzeug
- Skalpell
- Impfbox
- Einwegtaschentücher, Permanentmarker
- evtl. Einweghandschuhe
- saubere, warme Umgebung (z.B. Schublade im Wohnzimmer)
- Kühlschrank.

Arbeitsschritte

1. Arbeitsraum lüften
2. Danach darauf achten, dass im Zimmer keine Zugluft herrscht, da sonst Mikroorganismen in der Luft stark herumwirbeln.
3. Arbeitsfläche und Hände reinigen und desinfizieren.
4. Impfbox auf Arbeitsfläche stellen.
5. Das Innere der Impfbox desinfizieren: Den Deckel ein wenig anheben und mit einer Sprühflasche einige Spritzer des Desinfektionsmittels verteilen. Etwa eine halbe Stunde warten, bis das Innere der Impfbox trocken ist.
6. Bereitstellen der nötigen Utensilien:
   a) Reinkultur oder
   b) Fruchtkörper.
   Petrischale mit Nährboden, Frischhaltefolie, Gefrierbeutel, Skalpell, rußarme Flamme bzw. Brenner, Taschentücher, Permanentmarker und Desinfektionsmittel griffbereit in die Nähe der Impfbox auf die Arbeitsfläche legen. Den Brenner unbedingt außerhalb der Impfbox bedienen, sonst droht Explosionsgefahr. Das alkoholische Desinfektionsmittel soll so weit entfernt wie möglich von der Flamme benutzt werden.
7. Während der Arbeit nicht in die Richtung der Impfbox atmen und keine schnellen Bewegungen vor der Impfbox durchführen, da sonst vermehrt Mikroorganismen durch die Öffnungen in die Impfbox gelangen können.

39

40

39 und 40 sowie 41, 42 und 43 auf S. 31 Übertragung eines Stückchens Nährboden mit Myzel von einer älteren, etwas angetrockneten Reinkultur in eine weitere Petrischale mit Nährboden. Das Stück wird mit einem Skalpell ausgeschnitten und übertragen.

8. Die mit Nährboden gefüllte Petrischale außen mit einem mit Desinfektionsmittel getränktem Taschentuch reinigen und in die Impfbox stellen.

9. *Zum Beimpfen aus einer Reinkultur (a):*
Die Reinkultur ebenfalls wie oben desinfizieren und in die Impfbox legen. Die obersten 4 - 5 cm des Skalpells einige Sekunden in der Flamme erhitzen und dann die Skalpellspitze in die Flamme halten, bis sie glüht; dann das Skalpell in die Impfbox führen und kurz warten, bis die Spitze etwas abgekühlt ist. Die Petrischale mit der Reinkultur einen Spalt weit öffnen. Mit dem Skalpell ein kleines Stück herausschneiden (am besten entfernt vom Rand, aber auch nicht direkt aus der Mitte) und in der Mitte des Nährbodens der zu beimpfenden Petrischale, die nun auch einen Spalt geöffnet ist, ablegen.

9. *Zum Beimpfen aus einem Fruchtkörper (b):*
Den Fruchtkörper in der Impfbox mit beiden Händen auseinander reißen, eine Hälfte davon bleibt in einer Hand, die andere Hälfte wird in der Impfbox abgelegt, damit eine Hand frei wird. Mit der nun freien Hand das Skalpell nehmen und das oberste Drittel in der Flamme erhitzen bzw. dann die Spitze in der Flamme halten, bis sie glüht. Mit dem abgekühlten Skalpell einen kleinen Würfel (mit etwa 2 - 3 mm Kantenlänge) aus dem innersten Bereich des Fruchtkörpers (dort ist es am saubersten) herausschneiden und aufspießen. Den restlichen Pilz ablegen und mit der nunmehr freien Hand den Deckel der Petrischale einen Spalt öffnen. Den Pilzwürfel mittig auf den Nährboden in der Petrischale legen.

10. Die Petrischale mit Datum und Pilzart beschriften, in Frischhaltefolie einwickeln und bei Raumtemperatur in sauberer Umgebung (z.B. Schublade) so lange aufbewahren, bis das Myzel gut angewachsen, aber der Rand der Petrischale von ihm noch nicht erreicht ist. Das dauert etwa 2 bis 3 Wochen. Danach ist die Reinkultur fertig und kann für die Herstellung von Pilzbrut verwendet werden.

11. Nach dem Arbeiten in der Impfbox wird die Arbeitsfläche in der Impfbox mit einem mit Desinfektionsmittel getränktem Einwegtaschentuch abgewischt und danach die Öffnungen der Impfbox verschlossen.

12. Die mit Frischhaltefolie umwickelte fertige Reinkultur wird bei Nichtgebrauch in einer Gefriertüte im Kühlschrank aufbewahrt. Es ist empfehlenswert, sie mindestens einmal im Jahr zu erneuern.

41

42

43

Schritt 2: Die Pilzbrut herstellen

Für die Erzeugung von Pilzbrut wird Myzel meist aus einer Reinkultur oder aus einer Pilzbrut unter sauberen Bedingungen auf eine vorbereitete Nahrungsquelle gegeben, die sich in einem hitzebeständigen Behälter befindet. Die Nahrungsquelle für die Pilzbrut kann aus Getreide, Holzdübeln, Sägespänen oder einer anderer Grundlage bestehen. Die Wahl der Nahrung hängt u.a. davon ab, welches größere Substrat im nächsten Schritt mit der Pilzbrut beimpft werden soll.

Wenn Sie Baumstämme beimpfen möchten, sind Holzdübel als Basis für die Pilzbrut oft eine gute Wahl. Wenn Sie die Pilzbrut nicht selber herstellen möchten, kann man fertig mit Myzel durchwachsene Holzdübel als „Impfdübel“ oder „Impfstäbchen“ in Pilzshops erwerben. Um die Dübel in das Holz einzusetzen, müssen zuvor passende Löcher mit einer Bohrmaschine oder einem Handbohrer gebohrt werden. Es ist aber auch möglich, die Holzstämme mit Pilzbrut auf der Basis von Getreide zu beimpfen. Dazu werden mit einer Kettensäge Einschnitte in den Stamm gesägt (vgl. Schritt 3).

Wenn ich Pilze auf Sägespänen, Strohpellets, Kaffeesatz oder Strohballen anbaue, verwende ich ebenfalls meist Pilzbrut auf der Basis von Getreide. Passendes Getreide als Pilzbrutbasis ist beispielsweise Roggen. Ich benutze biologisch angebauten Roggen, der mittlerweile nicht nur in Bioläden, sondern auch schon in einigen Supermärkten erhältlich ist.

Pilzbrut auf Getreidebasis kann auch fertig in Pilzshops gekauft werden. Die gekaufte sogenannte Getreide- oder Körnerbrut besteht oft aus einer Mischung verschiedener Getreidearten. Natürlich können Sie an dieser Stelle auch experimentieren, um die beste Mischung für sich herauszufinden.

Vorbereitungen zur Herstellung von Pilzbrut

Zur Herstellung der Pilzbrut sind hitzebeständige Behälter, z.B. Schraubgläser, sehr gut geeignet, die vermutlich in jedem Haushalt vorhanden und mehrmals verwendbar sind. Ich verwende gern leere 400 ml Honiggläser, die gut in mei-

44 Die Reinkultur ist fertig und kann nun direkt zur Herstellung von Pilzbrut verwendet oder zur späteren Verwendung im Kühlschrank gelagert werden.

45 Diese Reinkultur ist kontaminiert.

44

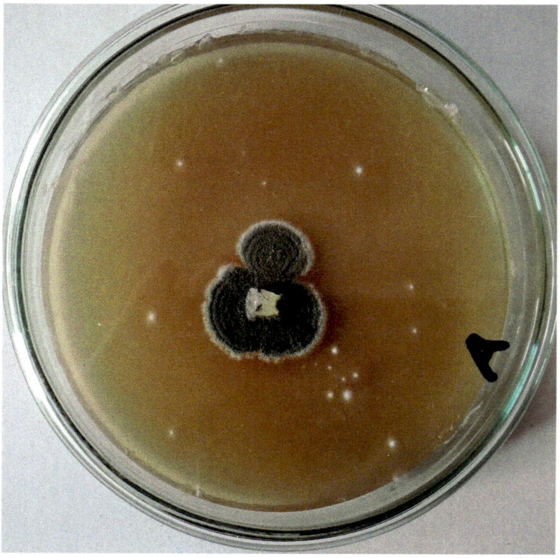

45

nen Schnellkochtopf passen. Damit die Schraubgläser luftdurchlässig sind, wird mit Hammer und Schraubenzieher oder mit einem Bohrer in den Deckel mittig ein kleines Loch (ca. 5 mm Durchmesser) gebohrt (Abb. 46). Das Loch wird mit Watte gut zugestopft, so dass die Watte die Öffnung komplett verschließt, Kleinstorganismen fernhält und dennoch einen Luftaustausch gewährleistet (Abb. 47). Das ist wichtig, weil Pilze Sauerstoff benötigen.

Utensilien und Material:
für die Präparation der Schraubgläser
- Hammer plus Schraubenzieher oder Bohrmaschine plus Bohrer (das Loch sollte einen Durchmesser von ca. 5 mm haben)
- Watte (haushaltsübliche Watte)
- Schraubgläser (z.B. ehemalige Marmeladen- oder Gurkengläser)

Bevor die Pilznahrung, also Getreide, Holzdübel o.ä. in die präparierten Schraubgläser kommt, muss sie vorbehandelt werden: Verwendet man Roggen, wird dieser gewaschen und dann in mehr als der doppelten Menge Wasser für etwa 30 min geköchelt bzw. so lange, bis die ersten Körner aufspringen. Danach das Wasser durch ein Sieb gut abseihen; die Körner sollten oberflächlich ziemlich trocken sein (Abb. 48). Anschließend werden die Körner in die Schraubgläser gefüllt. Anhaltspunkt: Mit 2 kg gekochtem Roggen können 8 bis 9 Schraubgläser (Inhalt je 400 ml) gefüllt werden, d.h. jedes Glas enthält etwas mehr als 200 g.

Wollen Sie Holzdübel verwenden, sollten die Dübel (solche aus Buchenholz sind für viele Holzbewohner geeignet) vor ihrer Weiterverwendung in reichlich Wasser etwa eine Stunde lang gekocht werden, bis sie untergegangen sind (Abb. 49). Auch die Holzdübel werden nach dem Abtropfen in einem Sieb in ein präpariertes Schraubglas gefüllt. Es wird nur soviel Roggen oder Dübel in das Glas geschüttet, dass noch ein Luftraum von mindestens 2 cm bis zum Rand verbleibt, damit das Myzel, das später hineingegeben wird, noch genügend Platz hat. Das ist vor allem für die kleineren 400 ml-Schraubgläser empfehlenswert. Größere Gläser (etwa 750 ml) füllen Sie am besten nur etwa ¾ voll.

Haben Sie nun die Nahrungsquelle (z.B. Roggen, Dübel) in das Schraubglas gefüllt, wird der Deckel auf das Schraubglas gelegt und nur wenig zugedreht, damit später beim Sterilisieren der Wasserdampf schnell eindringen kann und der Druckausgleich gut funktioniert. Als zusätzlicher Schutz wird am besten eine doppellagige Alufolie über das Schraubglas gestülpt. Danach kommt es zur Sterilisation in den Schnellkochtopf. Beachten Sie dazu bitte genau die Gebrauchsanweisung für Ihren Schnellkochtopf. Nachdem der Schnellkochtopf mit etwas Wasser, dem Einsatz und dem Schraubglas gefüllt ist und seinen maximalen Druck aufgebaut hat, wird das Schraubglas (400 ml) für etwa 30 Minuten bei vollem Druck sterilisiert.

Wer mehrere Gläser sterilisieren möchte (kommt immer darauf an, wieviel man braucht und wie groß der Schnellkochtopf ist), sollte die Sterilisationszeit entsprechend anpassen. Nachdem das Glas abgekühlt ist, wird es aus dem Kochtopf genommen und sein Deckel fest zugeschraubt. Diese Nahrungsgrundlage sollte nun so schnell wie möglich zur Herstellung von Pilzbrut verwendet werden, denn sie ist nur kurz lagerfähig.

Wenn Sie zum ersten Mal die Nahrungsgrundlage sterilisieren, sollten Sie testen, ob die gewählte Sterilisationszeit ausreichend ist. Um dies zu überprüfen, sollte das Schraubglas mit der Nahrung nach der Sterilisation einige Tage bei

46

47

46
Um die Luftzufuhr für das Myzel zu gewährleisten, wird ein Loch in das Schraubglas geschlagen.

47
Watte wird in die Löcher gestopft und dient beim Luftaustausch als Filter.

48
Der gekochte Roggen soll in einem Sieb gut abtropfen und wird dann in die Schraubgläser gefüllt.

49
Die Holzdübel werden in Wasser geköchelt, damit sie Wasser aufnehmen.

Raumtemperatur aufbewahrt werden. Beginnt im Glas etwas zu wachsen, wissen Sie, dass Sie die Sterilisationszeit erhöhen müssen.

Übertragung von Myzel auf die Pilzbrutbasis

Ist die Pilzbrutbasis, also die Nahrung für den Pilz (z.B. Roggen oder Dübel), im Schraubglas sterilisiert und abgekühlt, wird ein bisschen Myzel darauf gegeben. Das geschieht wieder unter sauberen Bedingungen (Abb. 50). Das Myzel dafür kann aus dem Mittelding von Reinkultur und Pilzbrut, aus einer Reinkultur oder aus einer Pilzbrut stammen. Wenn Sie sich für das Mittelding entscheiden, stellen Sie zuerst nach der Methode auf Seite 35 die Nahrungsgrundlage aus Roggen her und übernehmen dann die Schritte ab Seite 30 „Eine Reinkultur aus einem Fruchtkörper herstellen“. Sie ersetzen also die Petrischale plus Nährboden durch ein Schraubglas plus Roggen und geben ein Stück aus einem Fruchtkörper in das Schraubglas. Am besten platzieren Sie das Stück nahe der Glaswand, damit Sie es beim Anwachsen gut beobachten können. Ab nun ist dieses Mittelding wie Pilzbrut zu behandeln.

Die Abb. 51 bis 53 zeigen die Übertragung des Myzels von einer Pilzbrut auf die Pilzbrutbasis im Schraubglas. Die gezeigte Methode mit dem Löffel ist empfehlenswert, wenn sich die Körner der

48

49

Die Nahrungsgrundlage für die Pilzbrut zubereiten

Benötigt werden:

- Gut zu lüftender und zu reinigender Arbeitsraum (z.B. Küche) mit ca. 1 m² Arbeitsfläche.
- Präparierte Schraubgläser mit kleinem Loch im Deckel (ca. 5 mm ø), welches mit Watte ausgestopft wird (Herstellung siehe weiter vorne).
- Geeignete Nahrung als Pilzbrutbasis, z.B. a) Roggen oder b) Holzdübel aus Rotbuchenholz mit 8 mm ø und 40 mm Länge.
- Wasser
- Topf, Schnellkochtopf, Sieb, Küchenherd
- Alufolie, sauberes Geschirrtuch

Arbeitsschritte

mit Pilzbrutbasis aus a) Roggen oder b) Dübeln:

1. Arbeitsraum lüften und danach Arbeitsfläche und Hände reinigen
   a) Roggen (für viele Pilzarten geeignet) waschen und etwa 30 Minuten bzw. bis die ersten Körner aufspringen in viel Wasser köcheln, danach gut abseihen und Roggen oberflächlich abtrocknen lassen.
   oder *b) Buchenholzdübel* (Buche ist für viele holzbesiedelnde Pilze geeignet) etwa 1 Stunde in Wasser köcheln, danach gut abseihen.
3. *a) Roggen* oder *b) Dübel* in das präparierte Schraubglas füllen. Kleinere 400 ml-Schraubgläser sollten nur bis 2 cm unterhalb des Glasrandes und größere 750 ml-Schraubgläser nur bis ¾ des Inhalts gefüllt werden.
4. Schraubglasdeckel nur wenig verschließen, doppellagige Alufolie darüberstülpen.
5. Schnellkochtopf mit etwas Wasser füllen und Einsatz hineinstellen.
6. Schraubglas auf den Einsatz stellen, Schnellkochtopf fest verschließen und den Küchenherd einschalten.
7. Schraubglas (400 ml) etwa 30 min im Schnellkochtopf bei vollem Druck sterilisieren; werden mehrere Gläser in einem größeren Schnellkochtopf hitzebehandelt, Sterilisationszeit auf etwa 1 Stunde erhöhen.
8. Nach dem Sterilisieren, den Schnellkochtopf verschlossen und mit einem sauberen und feuchten Geschirrtuch abgedeckt auskühlen lassen.
9. Nach dem Abkühlen den Schnellkochtopf öffnen, das Schraubglas herausnehmen und fest zuschrauben.
10. Optional testen, ob Inhalt steril ist: Das Schraubglas einige Tage bei Raumtemperatur stehen lassen. Sollte der Inhalt kontaminiert sein, das nächste Mal länger sterilisieren.

Pilzbrut nicht gut vereinzeln lassen. Das passiert oft, wenn Sie mit kleineren Gläsern arbeiten, die komplett voll sind. Verwenden Sie größere, nicht so voll gefüllte Gläser, können die Körner meist gut gelockert werden, indem das Glas auf eine Sofalehne geschlagen wird. Bitte schützen Sie dabei Ihre Hand mit einem Handschuh. Einige gelockerte Pilzbrutkörner schütten Sie dann einfach in das Schraubglas mit der Pilzbrutbasis.

Je öfter allerdings Myzel von einer Pilzbrut auf die nächste Pilzbrutbasis übertragen wird, desto größer wird die Wahrscheinlichkeit, dass sich mit der Zeit Verunreinigungen einschleichen und obendrein das Myzel degeneriert. Wenn das Myzel degeneriert, wächst es z.B. nur noch langsam, es kann auch sein Aussehen verändern und ist schließlich nicht mehr in der Lage, Fruchtkörper zu bilden.

Wir fahren nun mit der Herstellung der Pilzbrut fort. Sie erinnern sich: das Schraubglas mit Roggen oder den Dübeln

50

51

50
Das Ansetzen von Pilzbrut geschieht im Idealfall in einer Impfbox.

wurde mit etwas Myzel aus einer Reinkultur oder aus einer bereits fertigen Pilzbrut versehen. Der nächste Schritt besteht nun darin, das Schraubglas zu schütteln, um das Myzel gut in der Nahrung zu verteilen, so dass es von möglichst vielen verschiedenen Punkten aus die Nahrung besiedeln kann. So wird die Besiedlungszeit verkürzt. Diese Maßnahme ist allerdings nur bei größeren Schraubgläsern (etwa 750 ml) sinnvoll. Bei kleineren 400 ml-Schraubgläsern ist Schütteln nur bei der Herstellung von Impfdübeln nötig.

Die Schraubgläser werden danach für die Besiedlungsphase (das Myzel wächst in den Roggen oder Dübel ein) an einen sauberen und abgedunkelten Ort bei Raumtemperatur gestellt. Bei mir stehen die Schraubgläser auf einem Regal in der Abstellkammer (Abb. 54). Nach wenigen Tagen ist bereits weißes Myzel erkennbar, das sich nun im gesamten Inhalt ausbrei-

52

53

51, 52 und 53
Mit dem Löffel werden einige Pilzbrutkörner aus dem hinteren Glas mit grünem Deckel auf die Roggenbasis im vorderen Schraubglas übertragen.

tet (Abb. 55 und 56). Dann können die großen Schraubgläser zur besseren Verteilung des Myzels wieder durchgeschüttelt werden. Bei den kleinen 400 ml Schraubgläsern ist das Schütteln auch jetzt nicht nötig. Die Besiedelungszeit in den kleineren Gläsern dauert je nach Pilzart etwa 2 Wochen. Kontrollieren Sie die Pilzbrut während dieser Zeit auf mögliche Kontaminationen.

Nach dem Ende der Besiedlungszeit, also wenn die Nahrung komplett mit Myzel bewachsen ist und bei den meisten Pilzarten weißlich aussieht (Abb. 56), kann die Pilzbrut sofort verwendet oder im Kühlschrank einige Zeit aufbewahrt werden. Körnerbrut ist mehrere Wochen bis Monate, Dübelbrut mehrere Monate haltbar. Empfehlenswert ist aber, die Pilzbrut so frisch wie möglich zu nutzen, da das Myzel zu diesem Zeitpunkt besonders wuchsfreudig ist.

Im Folgenden werden nun zwei Methoden detailliert beschrieben, wie Sie Myzel aus unterschiedlichen Quellen in die präparierten Schraubgläser mit vorbehandeltem Roggen oder Dübeln geben können.

54 Für die Besiedlungsphase bewahre ich die Gläser an einen sauberen Ort, hier in einem Regal, bei etwa 20°C auf.

Für die Durchführung nach der ersten Methode (Abb. 57) sind nur wenige Utensilien nötig, man braucht keine Impfbox und sie geht sehr einfach von der Hand. Sie birgt jedoch ein Risiko. Ist die gekaufte Pilzbrut nicht mehr so wuchsfreudig, kann es sein, dass Sie am Ende keine Fruchtkörper ernten. Machen Sie daher nur wenige Ansätze, wenn Sie diese Methode wählen.

55 Nach kurzer Zeit ist das Myzel sichtbar, das nun alle Roggenkörner besiedelt.

56 Nach zwei Wochen ist die Pilzbrut fertig.

55

56

Bei der zweiten Methode wird in der Impfbox (Abb. 50) gearbeitet; sie ist daher etwas aufwendiger. Diese Methode ist eher für Leute, die sich intensiver mit dem Pilzanbau auseinandersetzen und sich mit der Zeit das saubere Arbeiten in der Impfbox angewöhnen.

57
Zur Herstellung von Pilzbrut aus gekaufter Pilzbrut wird der Beutel aufgeschnitten und ein wenig Pilzbrut in das präparierte Schraubglas mit Roggen oder Dübeln geschüttet.

Methode 1: Übertragung von Myzel aus gekaufter Pilzbrut

Benötigt werden:

- Arbeitsraum mit etwa 1 m^2 Arbeitsfläche
- Spülmittel, Lappen
- Gekaufte Pilzbrut auf der Basis von Getreide
- Präpariertes Schraubglas mit sterilisiertem, erkaltetem Roggen oder Holzdübeln
- Alufolie, Schere, Permanentmarker
- Warmer, abgedunkelter und sauberer Durchwachsraum

Arbeitsschritte

1. Arbeitsraum lüften
2. Achten Sie danach darauf, dass im Zimmer keine Zugluft herrscht, da sonst vermehrt Kleinstlebewesen herumgewirbelt werden.
3. Die Arbeitsfläche und Hände reinigen.
4. Gekaufte Pilzbrut wird oft in Kunststoffbeuteln geliefert. Wenn das Myzel das Getreide ziemlich fest zusammenhält, ist es nötig, die Pilzbrut im Beutel mit den Händen zu zerbröseln.
5. Pilzbrut, Schraubglas mit Pilzbrutbasis und die Schere auf die Arbeitsfläche stellen.
6. Die Alufolie vom Schraubglas entfernen und den Deckel lockern.
7. Den Beutel mit der gekauften Pilzbrut auf einer Seite mit der gereinigten Schere aufschneiden.
8. Den Deckel mit einer Hand vom Schraubglas abnehmen und zügig so viel Pilzbrut in das geöffnete Schraubglas schütten, bis die Oberfläche im Glas komplett mit Pilzbrut bedeckt ist. Schraubglas sofort wieder zuschrauben.
9. Bei Verwendung von großen Schraubgläsern (etwa 750 ml) wird der Inhalt gut geschüttelt, damit das Myzel von vielen Punkten aus die Nahrung besiedeln kann. Bei kleineren Schraubgläsern (z.B. 400 ml) ist das nicht nötig, es sei denn, man möchte Impfdübel herstellen. Hier wird solange geschüttelt, bis sich die Körner gut zwischen den Dübeln verteilt haben.
10. Alufolie über den Schraubglasdeckel stülpen und beschriften.
11. Bei Raumtemperatur so lange lagern, bis das Myzel die Nahrung komplett durchwachsen hat. Bei Verwendung von großen Schraubgläsern kann nach einigen Tagen abermals geschüttelt werden, um die Besiedlungsdauer zu verkürzen.
12. Lagerung der Pilzbrut, wenn nötig, im Kühlschrank; besser möglichst rasch verbrauchen.

Methode 2: Übertragung von Myzel a) aus eigener Pilzbrut oder b) aus einer Reinkultur

Benötigt werden:

- Arbeitsraum mit etwa 1 m^2 Arbeitsfläche
- Pilzbrut (a) oder Reinkultur (b)
- Präpariertes Schraubglas mit der Pilzbrutbasis
- Spülmittel, Lappen
- Desinfektionsmittel in Sprühflasche (z.B. 70% iges Ethanol)
- Teelöffel (a) oder Skalpell (b)
- Rußarme Flamme mit Brenner (z.B. mit Brennspiritus als Treibstoff im Fondue-Brenner)
- Impfbox
- Permanentmarker, Feuerzeug
- Warmer, abgedunkelter und sauberer Durchwachsraum

Arbeitsschritte

1. Arbeitsraum lüften
2. Achten Sie danach darauf, dass im Zimmer keine Zugluft herrscht, da sonst verstärkt Kleinstlebewesen herumgewirbelt werden.
3. Die Arbeitsflächen und Hände reinigen und desinfizieren.
4. Impfbox auf die Arbeitsfläche stellen
5. Das Innere der Impfbox desinfizieren: Den Deckel ein wenig anheben, mit der Sprühflasche einige Spritzer verteilen und etwa eine halbe Stunde warten, bis das Innere der Impfbox trocken ist.
6. Vorbereiten der benötigten Utensilien: Pilzbrut oder Reinkultur, Schraubglas, a) Löffel oder b) Skalpell, Feuerzeug, Brenner, Taschentücher, Permanentmarker und Desinfektionsmittel griffbereit in die Nähe der Impfbox legen. Die Flamme mit Brenner unbedingt außerhalb der Impfbox bedienen, sonst droht Explosionsgefahr. Das alkoholische Desinfektionsmittel in möglichst großem Abstand zur Flamme parat stellen und verwenden.
7. Während der Arbeit nicht in die Richtung der Impfbox atmen und keine schnellen Bewegungen vor der Impfbox durchführen, da sonst vermehrt Mikroorganismen durch die Öffnungen in die Impfbox gelangen können.

   a) Bei selbst hergestellter Pilzbrut die Alufolie vom Schraubglas entfernen, das Glas mit einem mit Desinfektionsmittel getränktem Taschentuch abwischen, in die Impfbox stellen und den Deckel aufschrauben, aber locker auf dem Glas belassen.

   oder b) Die Reinkultur wird aus der Frischhaltefolie genommen, desinfiziert und in die Impfbox gelegt.

8 Das Schraubglas mit der Pilzbrutbasis ebenfalls vorbehandeln: Alufolie entfernen, mit Taschentuch desinfizieren, in die Impfbox stellen und Deckel aufschrauben, aber auf dem Glas lassen.

9. Den a) Löffel oder b) das Skalpell einige Sekunden in die Flamme halten; dann in die Impfbox führen und ein wenig warten, bis das Werkzeug kühler ist.

10. a) Den Deckel des Schraubglases mit der Pilzbrut ein wenig öffnen, die obersten älteren Körner beiseite schieben (nur bei Gläsern, die nicht geschüttelt wurden), einen gehäuften Teelöffel Pilzbrut aus dem Glas entnehmen und zügig in dem anderen, nun ebenfalls ein wenig geöffneten Schraubglas verteilen. Das Ganze wird zwei- bis dreimal wiederholt. Danach die Deckel der beiden Schraubgläser sofort fest zuschrauben.

    oder

10. b) Petrischale mit Reinkultur einen Spalt breit öffnen, mit dem Skalpell zwei bis drei Stücke (Kantenlänge ca. 5 mm) herausschneiden (am besten etwas entfernt vom Rand, aber auch nicht genau aus der Mitte) und in das nun ein wenig geöffnete Schraubglas überführen; anschließend das Schraubglas zuschrauben.

11. Bei Verwendung von großen Schraubgläsern (etwa 750 ml) wird der Inhalt gut geschüttelt, damit das Myzel von vielen Punkten aus die Nahrung besiedeln kann. Bei kleineren

Fortsetzung nächste Seite

Schraubgläsern (etwa 400 ml) ist das nicht nötig, es sei denn, man möchte Impfdübel herstellen. Hier wird so lange geschüttelt, bis sich die Körner oder Stückchen mit Myzel gut zwischen den Dübeln verteilt haben.

12. Die Alufolie über das Schraubglas stülpen und mit Datum und Pilzart beschriften
13. Nach dem Arbeiten in der Impfbox wird die Arbeitsfläche in der Impfbox mit einem mit Desinfektionsmittel getränktem Einwegtaschentuch abgewischt und danach die Öffnungen der Impfbox verschlossen.
14. Bei Raumtemperatur und abgedunkelt wird nun das Schraubglas so lange gelagert, bis das Myzel den Roggen oder die Dübel komplett durchwachsen hat. Das dauert bei Roggen etwa 2 Wochen und bei den Dübeln etwas länger.
15. Bei Verwendung von großen Gläsern kann nach etwa einer Woche der Inhalt abermals durchgeschüttelt werden.
16. Wird die durchgewachsene Pilzbrut nicht gleich verbraucht, kann sie im Kühlschrank aufbewahrt werden.

Schritt 3: Beimpfen der Baumstämme

Bei diesem Schritt wird die Pilzbrut in die endgültige Nahrungsquelle gegeben, aus der dann die essbaren Fruchtkörper wachsen. Bei Baumstämmen wird meist mit Pilzbrut auf der Basis von Impfdübeln oder in Form von Körnerbrut beimpft.

Geeignete Baumstämme

Die Qualität und Feuchtigkeit des Holzes ist hier von besonderer Bedeutung. Baumstämme, die bereits von anderen Pilzarten besiedelt wurden, sind ungeeignet. Manchmal ist so ein Fremdpilzbewuchs aber nicht einfach zu erkennen. Sehr offensichtlich ist es, wenn bereits Fruchtkörper auf dem Holz zu sehen sind. Auch morsches Holz, das also teilweise schon von anderen Organismen abgebaut wurde, ist einfach zu erkennen, da es sich weich und bröselig anfühlt. Manchmal sind auch Myzelstränge des Pilzes unter der Rinde zu finden. Auch eine anders gefärbte Stelle im Holz kann auf eine bestehende Besiedlung hindeuten.

Den optimalen Zeitpunkt zu wählen, um die Baumstämme zu beimpfen, finde ich nicht ganz einfach. In der Literatur werden einige Tage bis zwei Monate nach dem Fällen des Holzes, aber nicht länger als 6 Monate genannt. Als Gründe für das Abwarten nach dem Fällen werden zum einen die noch aktiven Abwehrkräfte des Baumes angeführt und auch, dass das Holz noch zu viel Wasser enthält. Aus eigenen Versuchen weiß ich, dass zumindest das Myzel von Shiitake sich ohne Probleme in Haselholz etabliert hat, welches am Tag zuvor gefällt wurde.

Wartet man mit dem Beimpfen des Holzes zu lange, also einige Monate, wird das Holz höchstwahrscheinlich in der Zwischenzeit von anderen Pilzarten besiedelt. Ich denke, ein guter Kompromiss ist es, etwa 3 - 4 Wochen nach dem Fällen zu beimpfen. Der Feuchtigkeitsgehalt der Baumstämme sollte dabei nach Jolanda Englbrecht („Pilzanbau in Haus und Garten", Eugen Ulmer Verlag) mindestens zwischen 50 und 60% liegen. Zur Überprüfung schlägt sie vor, Späne aus dem Holz zu sägen und diese zusammenzudrücken. Bildet sich ein Klumpen, reicht die Feuchtigkeit aus. Fallen die Späne auseinander, sollte das Holz gewässert werden, indem man es wenige Tage in eine wassergefüllte Regentonne oder Badewanne legt und bei Bedarf mit Steinen beschwert, damit es untergetaucht bleibt (Abb. 58).

Neben der Feuchtigkeit und Gesundheit spielen auch noch die Länge und der Durchmesser der Stämme eine Rolle. Baumstämme mit geringem Durchmesser (unter 10 cm) sind nicht empfehlenswert, da das Holz schnell austrocknet und wenig Ertrag liefert. Eine Ausnahme bildet der Shiitake, der traditionell auf etwa 1 m langen, dünnen Hölzern mit Durchmessern bis 15 cm angebaut wird. Shiitake wächst aber auch auf dickeren Stämmen. Für die anderen Pilzarten ist ein Holzdurchmesser von mindestens 15 cm und maximal 30 cm empfehlenswert.

Oft bekommt man das Holz beim Förster geschnitten in Form von 1 m langen Stammabschnitten. Dickere Stämme mit dieser Länge haben ein ziemliches Gewicht. Deshalb lasse ich sie auf etwa 33 cm dritteln, damit die Holzabschnitte nicht so schwer zu handhaben sind. Wer viel Kraft hat oder zu zweit arbeitet, kann die Stämme natürlich auch in 1 m Länge belassen. Das hat den Vorteil, dass das Holz nicht so schnell austrocknet und es weniger Angriffsfläche für Konkurrenzpilze gibt.

Beim Kauf des Holzes ist noch darauf zu achten, dass die Rinde möglichst intakt ist, da sie vor Austrocknung und dem Befall von Konkurrenzpilzen schützt.

Müssen die Baumstämme in der Zeit zwischen Erwerb und Beimpfung zwischengelagert werden, geschieht dies am besten in einem schattigen Bereich im Garten ohne Bodenkontakt und mit einer Plane abgedeckt, z.B. auf einer Palette (Abb. 59).

Wie werden die Baumstämme beimpft?

Es gibt mehrere Methoden, wie die Pilzbrut in das Holz eingeführt werden kann. Welche man wählt, hängt u.a. vom vorhandenen Werkzeug ab. Für die sogenannte ***Dübelimpfmethode*** benötigt man eine Bohrmaschine mit einem zum Dübel passenden Holzbohrer. Da ich mit dieser Methode bisher die meiste Erfahrung gemacht habe, will ich sie ausführlicher erklären. Eine Schritt-für-Schritt-Anleitung finden Sie am Ende dieses Unterkapitels.

Für die ***Dübelimpfmethode*** ist Pilzbrut auf der Basis von Impfdübeln eine Voraussetzung. Die Dübel haben meist einen Durchmesser von 8 mm und eine Länge von 40

58

Buchenstämme im Wasserbad.

59

Gesundes Buchenholz im Vordergrund und Eichenholz im Hintergrund.

60

61

62

63

64

60, 61, 62, 63 und 64 Die Bildfolge zeigt die Beimpfung eines Buchenstammes mit Impfdübeln.

mm. Mit einer Bohrmaschine und einem 8 oder 9 mm Holzbohrer werden etwa 5 cm tiefe Löcher gleichmäßig verteilt in den Baumstamm gebohrt. In diese Löcher werden die Impfdübel mit einem Hammer eingeschlagen. Sie sollten fest sitzen. Passen sie nicht gut, verwenden Sie einen etwas größeren oder kleineren Bohrer. Als Richtwert sollten etwa 2 - 3 Impfdübel pro Kilogramm Holz gesetzt werden. Natürlich können Sie auch mehr verwenden. In den Abb. 60 bis 64 ist die genaue Abfolge dieser Schritte dargestellt. Sollen die Stämme nach dem Beimpfen nur unter einer Plane im Garten gelagert werden, sollten die Impfstellen mit Wachs verschlossen werden, um einen Schutz vor dem Austrocknen zu gewährleisten.

Die sogenannte ***Schnittimpfmethode*** ist gut für die 1 m langen Stämme mit größerem Durchmesser geeignet. Der Stamm wird, am besten mit Hilfe einer Kettensäge, an zwei Stellen etwa bis zur Hälfte eingeschnitten (Abb. 65). Die Schnitte sollten sich auf gegenüberliegenden Seiten des Stammes nach etwa einem und zwei Dritteln seiner Länge befinden. Die Körnerbrut wird in diese Schnitte gestopft und die Einschnitte werden dann mit einem Klebeband fest zugeklebt (Abb. 66). Die so beimpften Stämme brauchen bei der Lagerung im Garten einen zusätzlichen Nagerschutz, da sich Mäuse oder andere Nager gerne an der Körnerbrut vergreifen.

Baumstumpfbeimpfung: Falls Sie einen Baum in Ihrem Garten fällen, können Sie den verbleibenden Stumpf mit Pilzbrut beimpfen. Man sollte aber etwas länger warten, bevor beimpft wird. Jolanda Englbrecht („Pilzanbau in Haus und Garten", Verlag Eugen Ulmer) empfiehlt hier die sogenannte Keilimpfmethode.

Zuerst werden zwei tiefe Keile auf den gegenüberliegenden Seiten (aber nicht gleiche Höhe) des Stumpfes herausgesägt. Dann wird die Körnerbrut auf der Oberseite des Keiles und auf der unteren Schnittfläche des Stumpfes aufgebracht, die Keile wieder eingesetzt und mit Klebeband befestigt. Zusätzlich können noch Impfdübel (z.B. an herausragenden Wurzelabschnitten) eingebracht werden. Als Schutz vor Austrocknung sollten die Impfstellen mit Wachs verschlossen werden. Der Stumpf wird dann mit einer Kunststoffummantelung o.ä. vor Austrocknung geschützt (Abb. 68) und feucht gehalten. Befindet sich der Stumpf nicht in schattiger Lage, müssen Sie für Schatten sorgen. Haben Sie im Frühjahr beimpft, können Sie den Schutz im Herbst entfernen.

65

66

65
Bei der Schnittimpfung werden mit der Kettensäge Schnitte in den Baumstamm gesägt.

66
Nachdem die Pilzbrut in den Schnitt gestopft wurde, klebt man ein Klebeband um den ganzen Stamm, damit die Pilzbrut nicht rausfallen kann und vor Austrocknung geschützt ist.

Verpacken oder Einmieten der beimpften Stämme

Die Baumstämme können nach der Beimpfung in einen transparenten Kunststoffbeutel (z.B. Müllbeutel) gehüllt (Abb. 69) werden. Die Beutel werden dann locker verschlossen oder mit einigen Löchern versehen. Der ideale Lagerraum für die beimpften Stämme sollte abgedunkelt, feucht und warm (ca. 20°C) sein, z.B. ein Kellerraum.

Alternativ können die Stammabschnitte auf einer Palette gestapelt und mit einer Plane zugedeckt an einem vollschattigen, feuchten und windgeschützten Ort im Garten gelagert werden. Zu Beginn sind die frisch beimpften Stämme noch frostempfindlich. Falls die Stämme also im Garten gelagert werden, empfiehlt es sich, sie erst im späten Frühling zu beimpfen.

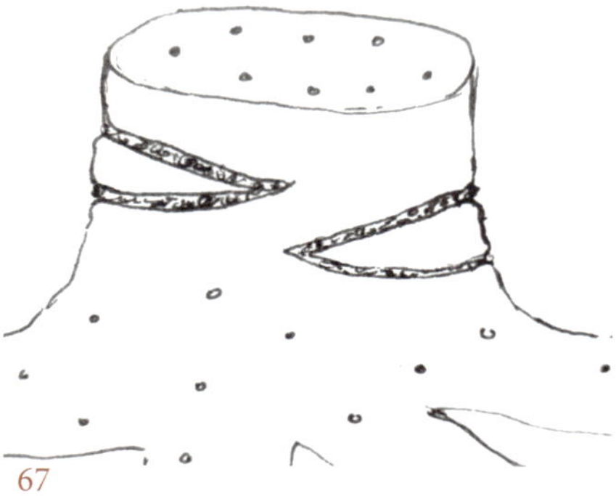

67

67
Ein Baumstumpf, der mittels Dübelimpfmethode und Keilimpfmethode in Kombination mit Pilzbrut versehen wurde.

68

68
Ein Jutesack schützt den beimpften Baumstumpf vor Austrocknung. (Foto Stefan Gmeiner)

69
Hier verhindern Kunststoffüberzüge ein schnelles Austrocknen der Stämme.

Beimpfung, Durchwachsphase und Fruchtkörperbildung bei Baumstämmen

(Schritte 3, 4 und 5 zusammengefasst)

Benötigt werden:

- Arbeitsplatz (am besten im Garten)
- Für die jeweilige Pilzart geeignete Baumstämme: Seitlinge auf Rotbuche, Durchmesser mind. 15 cm und etwa 33 cm lang; Shiitake auf Rotbuche oder Eiche, Durchmesser bis 15 cm und etwa 100 cm lang; (ideale Impfzeit der Stämme 3 - 4 Wochen nach der Fällung)
- Evtl. Regenfass, Steine und Wasser zum Wässern bzw. Gießen
- Pilzbrut in der Form von Impfdübel (Durchmesser 8 mm und Länge 40 mm)
- Bohrmaschine und 8 oder 9 mm Holzbohrer
- Schüssel mit Wasser, Hammer
- Transparente Kunststoffbeutel (z.B. 35 l Müllbeutel); für Shiitake größere Kunststoffbeutel
- Klebeband, Nadel
- Schaufel
- feuchte, abgedunkelte und warme Lagerstätte für die Durchwachsphase
- Endgültiger Standort: schattiger, feuchter und windgeschützter Ort im Garten

Arbeitsschritte

1. Stämme auf ausreichende Feuchtigkeit prüfen, indem man Späne aus dem Stamm sägt. Sind diese feucht und bilden einen Klumpen, wenn man sie zusammendrückt, ist der Feuchtigkeitsgehalt passend.
2. Falls die Stämme zu trocken sind, im Regenfass 1 - 2 Tage mit Steinen beschwert wässern.
3. Abermals auf die richtige Feuchtigkeit überprüfen; wenn sie stimmt, Stämme einige Stunden oberflächlich abtrocknen lassen.
4. Impfdübel einige Minuten in Schüssel mit Wasser geben.
5. Einige Löcher 5 cm tief verteilt in den Baumstamm bohren.
6. Dübel in den Baumstamm hämmern (etwa 2 - 3 Dübel pro kg Holz); Die Dübel sollten guten Kontakt zum umliegenden Holz haben. Ist das Loch zu groß oder zu klein, verwenden Sie den anderen Bohrer.
7. Baumstamm in den Beutel stecken, locker verschließen oder etwa 50 Löcher stechen; für Shiitakestämme größere Kunststoffbeutel verwenden.
8. Bei Bedarf beschriften.
9. An einem feuchten, abgedunkelten und warmen Ort lagern; falls die Lagerstätte im Garten ist, sollte es dort schattig, feucht und zu Beginn frostfrei sein.
10. Gelegentliche Kontrolle der Stämme.
11. Auspflanzen der Stämme, wenn das Myzel auf den Stirnseiten, an Impfstellen und oft auch auf der Rinde der Stämme sichtbar ist. Richtwert: 4 - 6 Monate, jedoch abhängig von Pilzart, Temperatur etc.
12. Endgültiger Standort für die Stämme: schattiger, feuchter und windgeschützter Bereich im Garten.
13. Auspflanzen der Stämme: Kunststoffbeutel entfernen, Loch graben und Stamm der Länge nach zur Hälfte einsetzen und ringsum mit Erde festdrücken, Shiitakestämme nicht eingraben, sondern an Zaun o.ä. anlehnen.
14. Stämme mit Wasser begießen.
15. Standort bzw. Stämme regelmäßig gießen, wenn der Standort nicht von vornherein feucht ist, und vor Schnecken schützen.
16. Wenn die Bedingungen stimmen, werden Fruchtkörper ausgebildet. **Bei Shiitake:** Fruchtkörperbildung wird angeregt, wenn Stämme etwa 2 Tage gewässert und danach einige Male auf den Boden gestoßen werden.
17. Meist sind mehrere Erntewellen über einige Jahre hinweg zu erwarten.

Schritt 4: Die Durchwachsphase

Nun besiedelt das Myzel den beimpften Baumstamm (Abb. 70 - 71). Es kann in dieser Phase erforderlich sein, die Stämme regelmäßig zu bewässern, vor allem wenn sie im Garten nur mit einer Plane abgedeckt sind. Denn sind die Stämme zu trocken, stirbt das Myzel ab. Sehr trockene Stämme, die durch den Wasserentzug um einiges leichter geworden sind, lassen sich eventuell noch retten, wenn sie für wenige Tage in eine mit Wasser gefüllte Regentonne gelegt und mit Steinen beschwert werden, damit sie sich wieder mit Wasser vollsaugen können. Die Stammabschnitte im Kunststoffbeutel trocknen gewöhnlich nicht aus, sie sollten aber dann und wann trotzdem kontrolliert werden.

Die Dauer der Durchwachsphase ist von mehreren Faktoren abhängig, u.a. von der Pilzart, der Baumart und der Temperatur. Wenn Sie im Frühling die Stämme beimpft haben, können sie in der Regel im Herbst ausgepflanzt werden. Manchmal sind dann noch im gleichen Jahr Ernten möglich.

Mit Shiitake beimpfte Stämme brauchen meist über ein Jahr, bis sie zum ersten Mal Fruchtkörper ausbilden. Das Myzel wächst zwar auch ziemlich schnell in den Stamm ein, braucht aber dann lange, bis es zum ersten Mal Fruchtkörper bilden kann.

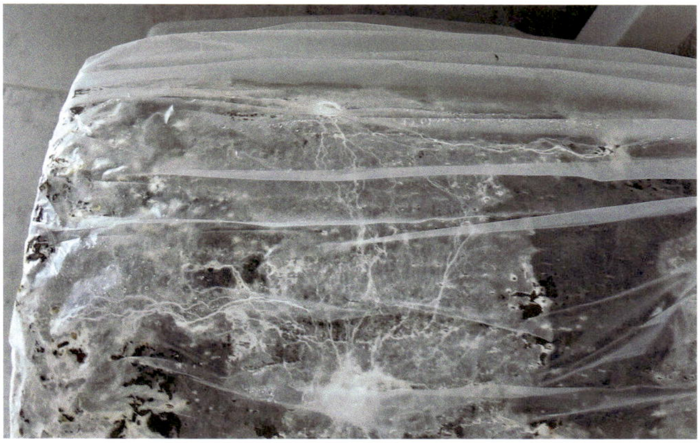

70
Das meist weißliche Myzel breitet sich vom Impfdübel ausgehend in und auf dem Stammabschnitt aus.

71
Das Myzel von der Pilzbrut, welches als weiße Färbung im Schnitt sichtbar ist, durchwächst von dort aus den Stamm.

72

73

72
Verpackter Buchenstamm mit Myzel vom Austernseitling fertig durchwachsen.

73
Ausgepackter Buchenstamm mit Myzel vom Austernseitling.

Schritt 5: Fruchtkörperbildung am endgültigen Standort

Sobald sich das Myzel des gewünschten Pilzes meist in Form eines weißen Geflechtes an den Impfstellen und an der Stirnseite des Baumstammes zeigt, ist der Stammabschnitt gut durchwachsen und kann ausgepflanzt werden.

Die während der Durchwachsphase verpackten Stammabschnitte werden nun wieder ausgepackt (Abb. 72 und 73). Ein Meter lange, gelagerte Stämme sollten in 3 Stammabschnitte aufgetrennt werden. Für die meisten Pilzarten auf den Stämmen ist es wohl vorteilhaft, wenn die Stämme eingegraben werden. So sind sie leichter feucht zu halten. Heben Sie also zuerst ein Loch aus und setzen Sie den Stamm längs zur Hälfte in die Erde. Danach wird die zuvor ausgehobene Erde wieder eingefüllt und um den Stamm festgedrückt, damit er guten Erdkontakt hat. Danach wird kräftig angegossen. Nach einiger Zeit wächst das Myzel sogar vom Stamm in die umliegende Erde hinein (Abb. 74).

Mitunter ist in der Literatur zu lesen, dass die Stämme mit beimpften Austernseitlingen und weiteren Pilzarten unbedingt Erdkontakt benötigen, um Fruchtkörper auszubilden. Zumindest ist das beim Austernseitling und Lungenseitling nicht der Fall (Abb. 77). Jedoch kann ich nicht sagen, ob der Ernteertrag dadurch beeinträchtigt wird.

74

75

76

77

74
Nachdem der Stamm einige Wochen Erdkontakt hat, wächst das Myzel vom Stamm in den Boden hinein.

75 und 76
An den Shiitakestämmen ist das braunweißliche Myzel zu erkennen.

77
Anders als manchmal in der Literatur zu lesen, brauchen Austernseitlinge auf Stämmen nicht unbedingt Erdkontakt.

Die mit Shiitake beimpften Stämme sehen nach der Durchwachsphase etwas anders aus und werden auch abweichend behandelt. Das zuerst ebenfalls weißliche Myzel verfärbt sich mit der Zeit teilweise bräunlich (Abb. 75 und 76). Die Stämme werden auch nicht eingegraben und nicht in der Länge gekürzt, sofern sie vom Gewicht her noch handhabbar sind. Sie werden einfach an eine Mauer oder ähnlichem angelehnt.

Der ideale Standort für die Anlage des Pilzgartens ist vollschattig, feucht, windgeschützt und hat einen Wasseranschluss in der Nähe (Abb. 78 und 79). Zusätzlich sollten nicht allzu viele krautige Pflanzen im Umfeld der Stämme gedeihen, da sonst die Fruchtkörper nicht so leicht zu finden sind. Wenn Sie Holzhäcksel oder Rindenmulch zwischen den Stämmen (die etwa 20 cm Zwischenraum zueinander haben sollten) aufbringen, hat das gleich mehrere Vorteile. Zum einen könnten sich weitere essbare Pilzarten von selbst darauf ansiedeln (siehe Kapitel 2) oder es könnten die Pilze von den Stämmen dort einwachsen (sofern die Baumart stimmt). Zudem sind die Fruchtkörper vor Erdpartikeln geschützt.

Gibt es keinen geeigneten Standort in Ihrem Garten, kann ein passendes Mikroklima durch das Anlegen einer Hecke (z.B. mit Mykorrhiza-Partnern wie Rotbuche) und eines Teiches geschaffen werden. Wer keinen so großen Aufwand betreiben möchte, baut einfach ein Schattendach über die Stämme, oder – noch einfacher – legt ein Schattennetz über die Stammabschnitte und bewässert sie regelmäßig. Mittlerweile sind dafür auch vollautomatische Bewässerungssysteme erhältlich.

Alternativ zum Standort im Garten können Sie die Stämme auch in einen Blumentopf mit Erde setzen und an einen schattigen Ort auf der Terrasse oder dem Balkon stellen. Setzen Sie zusätzlich schattentolerante Kräuter in den Topf, sieht das dekorativ aus und der Topf wird doppelt genutzt (Abb. 80). Wenn Sie einen Platz im Wohnzimmer ohne direkte Sonnenbestrahlung haben, ist auch dieser Standort geeignet. Um für erhöhte Luftfeuchtigkeit zu sorgen, stülpen Sie einen transparenten Kunststoffbeutel locker über den Topf. Gute Erfahrungen mit der Topfkultur im Haus habe ich mit dem Lungenseitling (Abb. 81) gemacht. Die Pflege der Topfkultur beschränkt sich darauf, die Erde feucht zu halten, indem Sie regelmäßig gießen.

Liegen gute Bedingungen für die jeweilige Pilzart vor, bilden sich die Fruchtkörper meist direkt auf dem Stamm aus (Abb. 81 und 83). Viele Pilzarten brauchen dafür eine erhöhte Feuchtigkeit und einen bestimmten Temperaturbereich. Sollten Sie Pilzbrut für die Beimpfung von Stämmen kaufen, fragen Sie einfach nach, bei welchen Temperaturen bzw. welcher Jahreszeit Ihr zukünftiger Kulturstamm Fruchtkörper bildet, sofern es nicht angegeben wird.

Prüfen Sie die Stämme trotzdem regelmäßig, ob sich Fruchtkörper daran entwickeln, vor allem während und nach einer feuchten Periode. Denn Pilze halten sich nicht immer an die Angaben, die niedergeschrieben wurden oder die schlaue Leute von sich geben.

Der Shiitake weicht bei seiner Fruchtkörperbildung ebenfalls von den anderen Pilzarten ab. Die Fruchtkörperbildung des Shiitakemyzels kann angeregt werden, indem die Stämme 1 - 2 Tage in kaltes Wasser untergetaucht werden (z.B. mit Steinen beschwert in einem Regenfass). Zusätzlich kann die Fruchtkörperbildung dadurch angeregt werden, indem die Stämme direkt nach dem Wässern einige Male kräftig auf den Boden geschlagen werden (Abb. 82). Während der Frucht-

78
Ein guter Standort für den Pilzgarten ist windgeschützt, feucht und vollschattig.

79
Ein Regenfass für den Shiitakeanbau und ein Wasseranschluss direkt am Standort oder in der Nähe vereinfachen die Arbeiten im Pilzgarten.

80

81

80
Austernseitling und Petersilie im Topf. Foto: Stefan Gmeiner

81
Lungenseitling auf Buchenstamm im Topf.

82
Die Shiitakestämme werden einige Male auf einen festen Untergrund geschlagen, um die Fruchtkörperentwicklung anzuregen.

83
Fruchtkörperbildung auf einigen Stämmen.

82

körperbildung können die Shiitakestämme zum Schutz vor Schnecken aufgehängt werden (Abb. 84).

84
An einem Baum oder Gestell aufgehängt sind die Stämme vor Schnecken geschützt. Foto: Stefan Gmeiner

83

84

Schritt 6: Die Ernte

Die baldige Ernte wird durch kleine Fruchtkörperansätze, die als kleine Knubbel sichtbar und Primordien (Abb. 85) genannt werden, angekündigt. Bis sich diese zu erntereifen Fruchtkörpern entfaltet haben, vergehen noch einige Tage. Während ihres Wachstums ist es wichtig, dass genügend Feuchtigkeit vorhanden ist. Vor allem bei Shiitakestämmen kommt es manchmal vor, dass die kleinen Fruchtkörper vertrocknen, bevor sie ausgereift sind. Deshalb sollten die Stämme während dieser Zeit regelmäßig gegossen werden, falls es nicht schon sehr feucht ist.

Seitlinge, Shiitake und die meisten anderen der kultivierbaren Pilzarten können Sie ernten, solange der Hutrand der Fruchtkörper noch etwas eingerollt oder nach unten geneigt ist (Abb. 86). Da einige Seitlinge Büschel mit mehreren Fruchtkörpern ausbilden, werden diese im Ganzen mit einem Messer vom Stamm getrennt. Der Shiitake hingegen bildet oft einzelne Fruchtkörper aus, die ebenfalls mit einem Messer abgeschnitten werden (Abb. 87).

Zu Ernteausfällen oder Fraßschäden kann es kommen, wenn Schnecken die Fruchtkörper entdecken und sich daran laben. Deshalb sorgen Sie unbedingt für Schneckenschutz. Auch Asseln nagen gerne an den Fruchtkörper, richten aber nicht so große Schäden an wie Schnecken.

Es kann sein, dass sich weitere Pilzarten auf den Baumstämmen ansiedeln und Fruchtkörper ausbilden. Essen Sie deshalb nur die Pilze, die Sie auch als essbar identifizieren können.

Wenn der Pilz gute Bedingungen vorfindet, kann meist mehrmals im Jahr und einige Jahre lang von einem Stamm (hängt u.a. von der Größe des Stammes und vom verwendeten Holz ab) geerntet werden. In der Literatur wird oft von 10% bis max. 20% des Gewichts des Baumstammes als Ernteertrag angegeben. Um das einmal selbst zu testen, habe ich die Ernteerträge eines Lungenseitlings auf einem Rotbuchenstamm notiert, der ein Gewicht von 5,1 kg hatte, bevor er ausgepflanzt wurde. Ich konnte den Stamm 12 Mal beernten und dabei einen durchschnittlichen Ertrag von 140 g erzielen. Insgesamt betrug die Ernte 32% des Gewichts des Baumstammes.

85 Kleine Fruchtkörperansätze von Shiitake.

86 Erntereife Fruchtkörper von Shiitake.

87 Shiitake bei der Ernte.

7 Pilzanbau - draußen

Nachdem im letzten Kapitel die einzelnen Schritte beim Anbau von Speisepilzen auf Baumstämmen exemplarisch dargestellt wurden, geht es im Folgenden darum, welche anderen Substrate draußen möglich sind und welche Pilzarten darauf angebaut werden können.

7.1 Pilzanbau auf Strohballen

Eine schnellere Alternative zum Anbau von Pilzen auf Baumstämmen im Garten bzw. eine zusätzliche Möglichkeit ist der Anbau auf Strohballen. Auf Stroh wachsen Pilzarten wie Austernseitling, Lungenseitling, Rosenseitling, Zitronenseitling und der Riesenträuschling. Der Standort für den Anbau von Pilzen auf Strohballen ist ebenfalls idealerweise vollschattig, windgeschützt und feucht. Kontakt zur Erde bzw. zur Wiese ist empfehlenswert, so dass das Myzel dort einwachsen und wahrscheinlich zusätzliches Wasser und Nährstoffe aus dem Boden aufnehmen kann. Ein guter Zeitpunkt, mit dem Pilzanbau auf Strohballen zu beginnen, ist Anfang/Mitte Mai, wenn keine Frostgefahr mehr besteht.

Am besten wird der Strohballen bei einem Biobauern erworben. Dieses Stroh ist am wenigsten belastet und kostet nicht viel. Auch Tierbedarfshandlungen bieten Strohballen an, und mittlerweile ist es sogar möglich, Strohballen online zu erwerben. Weizen-, Gersten- oder Roggenstroh sind gut geeignet.

Das erworbene Stroh sollte nicht feucht sein und auch nicht muffig riechen, da sich dann höchstwahrscheinlich bereits andere Pilzarten darin ausgebreitet haben. Dies hätte zur Folge, dass das gewünschte Myzel möglicherweise nur schlecht oder gar nicht einwächst und schlussendlich keine Fruchtkörper geerntet werden können.

Einfache Variante: Im ersten Schritt wird der Strohballen gewässert. Es empfiehlt sich, den Strohballen in unmittelbarer Nähe des endgültigen Standortes zu

88

88 Man erkennt das Myzel als weißliches „Gespinst“, welches sich im Strohballen ausbreitet. Eine Plane schützt den beimpften Strohballen vor Dauerregen und Trockenheit.

89

89 Fertig durchwachsener Strohballen. Foto: Stefan Gmeiner

wässern, da er durch das aufgenommene Wasser einiges an Gewicht zulegt. Der Strohballen sollte etwa zwei Tage unter Wasser getaucht werden. Das kann z.B. in einer Regentonne geschehen. Ist es nicht möglich, ihn vollständig unter Wasser zu halten, weil der Behälter zu klein ist, wird er nach einem Tag gewendet. Ist kein ausreichend großer Behälter vorhanden, kann der Strohballen auch einige Tage lang immer wieder mit Wasser begossen werden, am besten mit kochend heißem Wasser, um mit dem Wässern auch unerwünschte Mikroorganismen abzutöten. Nach dem Wässern sollte der Strohballen gut abtropfen können, das dauert einen Tag.

Der Strohballen ist für das Beimpfen mit Pilzbrut optimal vorbereitet, wenn er sich im Inneren feucht anfühlt. Am endgültigen Standort stechen Sie nun mit einem spitzen Gegenstand (Stiel eines Werkzeugs oder mit einem Pflanzholz) einige tiefe Löcher in den Strohballen. Diese sollten über den ganzen Ballen gut verteilt werden. In die Löcher wird nun die vorgelockerte Pilzbrut gefüllt. Verschließen Sie die Löcher wieder mit Stroh, sobald Sie die Pilzbrut gut im Ballen verteilt haben. Die Herstellung von Pilzbrut wird im Kapitel 6 erläutert. 1 Liter (etwa 500 - 700 g) Körnerbrut ist für einen Strohballen üblicher Größe mit 10 - 12 kg Trockengewicht ausreichend.

Zum Schutz vor Austrocknung und vor zu viel Feuchtigkeit können Sie eine Abdeckplane locker über den Strohballen legen und diese mit Steinen beschweren (Abb. 88). Wichtig ist, dass ein gewisser Luftaustausch möglich ist. Hin und wieder sollten Sie kontrollieren, ob sich der Strohballen innen noch feucht anfühlt. Ist die Witterung längere Zeit heiß und trocken, kann es sein, dass Sie den Strohballen wässern müssen, z.B. mit dem Gartenschlauch oder mit einer Gießkanne. Bedenken Sie aber, dass auch zu viel Wasser Schaden anrichtet.

Das Myzel der meisten Kulturpilze wächst bei Temperaturen um die 20°C gut in das Substrat ein. Ist es kühler, dauert die Durchwachsphase länger. Wenn es allerdings länger sehr heiß ist, kann das Myzel mit der Zeit absterben.

Variante mit Fermentation: Um Seitlinge anzubauen, kann man den Strohballen vor dem Beimpfen auch fermentieren lassen. Dazu wird der Strohballen etwa zwei Wochen bei Temperaturen um die 20°C (bei niedrigeren Temperaturen dauert es länger) in ein Wasserbad getaucht und so fermentiert. Der mit Pilzbrut beimpfte Ballen wird dann in Folie gewickelt, in

90
Nahaufnahme von Myzel mit Stroh.
Foto: Stefan Gmeiner

91
Die Ernte steht kurz bevor.
Foto: Stefan Gmeiner

90

91

Materialien und Arbeitsschritte für den Pilzanbau auf Strohballen (einfache Variante)

Benötigt werden:

- Gesunder Bio-Strohballen (ein Ballen hat etwa 10 - 12 kg Trockengewicht)
- Großer Wasserbehälter (Regentonne, Schubkarre)
- Sauberes Wasser
- Spitzer Gegenstand (Pflanzholz, Stiel)
- 1 l Körnerbrut (etwa 500 - 700 g) von Austernseitling, Lungenseitling, Rosenseitling, Zitronenseitling oder Riesenträuschling
- Abdeckplane oder ähnliches
- Zum Beschweren der Plane: Steine, Ziegel
- Zum Gießen: Gartenschlauch, Gießkanne
- Schattiger, feuchter und windgeschützter Standort mit Erd- oder Wiesenkontakt

Arbeitsschritte

- Strohballen 2 Tage im Garten nahe am endgültigen Standort in einem großen Behälter wässern (Strohballen muss danach innen feucht sein).
- Strohballen am endgültigen Standort platzieren und einen Tag abtropfen lassen.
- Mit einem spitzen Gegenstand mehrere tiefe Löcher in den Ballen bohren.
- 1 l gelockerte Pilzbrut in den Löchern verteilen und darauf achten, dass ein guter Kontakt zwischen Pilzbrut und Stroh hergestellt wird.
- Löcher mit Stroh verschließen.
- Mit einer Plane abdecken und diese mit Steinen so beschweren, dass noch Luftaustausch möglich ist.
- Bei Trockenheit und Hitze den Ballen gießen, damit er feucht bleibt. Aber übertreiben Sie es nicht. Zu viel Wasser schadet dem Myzel ebenso wie zu wenig.
- Nach etwa 6 - 8 Wochen hat das Myzel den Ballen durchwachsen und ist bereit, Fruchtkörper auszubilden. Dann können Sie die Plane entfernen.
- Mehrere Erntewellen sind zu erwarten, meist aber nur eine Saison lang. Halten Sie während dieser Zeit den Strohballen feucht.
- Der Ernteertrag liegt, wenn alles gut geht, bei einigen Kilogramm Fruchtkörpern pro Strohballen.

die zwecks Luftaustausch einige Löcher gestochen werden.

Da ich die beiden Varianten nicht unter vergleichbaren Bedingungen erprobt habe, kann ich nicht sagen, ob eine davon wirklich bessere Ergebnisse bringt als die andere. In Pilzanbaubüchern ist aber zu lesen, dass das Fermentieren und anschließende Einwickeln in Folie erfolgversprechender ist als die zuerst genannte, einfache Variante. Ich hatte aber mit der einfachen Variante bisher auch keine Probleme.

Nach etwa 6 - 8 Wochen (abhängig u.a. von Pilzart und Temperatur) hat das Myzel für gewöhnlich den Strohballen besiedelt (Abb. 89 und 90). Ist weißes Myzel zwischen und auf den Strohhalmen sichtbar, ist das in der Regel ein gutes Zeichen. Entfernen Sie nach der Besiedelungsphase die Plane, halten den Ballen aber die ganze Zeit feucht. Die Pilze werden Fruchtkörper bilden, sobald für sie optimale Bedingungen herrschen. Kontrollieren Sie einfach den Strohballen regelmäßig auf Fruchtkörper. Manchmal muss man sehr genau hinschauen, um die kleinen Pilze zu entdecken. Erfahrungsgemäß kann im Laufe der nächsten Monate mehrmals geerntet werden, insgesamt jedoch oft nur eine Saison lang (Abb. 91). Das „verbrauchte" Stroh kann dann als Mulch im Garten verwendet oder zum Kompost gegeben werden.

Es ist möglich, dass sich auch andere Pilzarten auf dem Strohballen ansiedeln. Deshalb ist es wichtig, dass Sie nur die Pilze verzehren, die Sie vorher zuverlässig als essbar bestimmt haben. Sind Sie unsicher, wenden Sie sich an eine(n) Pilzsachverständige(n). Zudem ist es ratsam, wieder für Nagerschutz (zu Beginn) und Schneckenschutz zu sorgen.

7.2 Pilzanbau auf Holzhäcksel

Die im Folgenden beschriebene Methode basiert auf einem Versuch, den mein Vater federführend leitet und der bei der Fertigstellung des Buches noch nicht beendet war. Dabei haben wir ein mehrjähriges Beet mit Holzhäcksel für den Anbau von Riesenträuschlingen erfolgreich erprobt. Zuerst wurde im Frühling aus etwa 1 m langen und 15 cm hohen Brettern ein rechteckiger Rahmen gezimmert und in schattiger Umgebung auf die Wiese gestellt. Dieser Rahmen wurde mit frischem Holzhäcksel (etwa 2 Wochen alt) von Laubgehölzen, vor allem von Hainbuche gefüllt (Abb. 92). Ein Pilzbeet aus Holzhäcksel kann auch, anstelle der Bretterumrandung, in einer flachen Grube in der Erde angelegt werden. Noch einfacher ist es, ganz ohne Umrandung einen flachen Haufen aus Holzhäcksel aufzuschütten.

Nachdem das Holzhäckselbeet gut gewässert ist, kommt die Pilzbrut vom Riesenträuschling hinein. Von einem Bekannten hatten wir etwa einen Liter Pilzbrut in Form eines Holzhäckselgemisches erhalten, das mit dem Myzel des Riesenträuschlings durchwachsen war. Der Bekannte hatte für uns einfach ein wenig mit Myzel durchwachsenes Material aus seinem bereits bestehenden Riesenträuschlingsbeet entnommen. Sie können dafür natürlich auch handelsübliche Pilzbrut verwenden.

Im Beet werden mit den Händen einige kleine Löcher gegraben und Klumpen von Pilzbrut, etwa in der Größe von Tischtennisbällen, in die Löcher gegeben und mit Holzhäcksel zugedeckt. Am Schluss wird eine Plane locker über das Beet gelegt, um die Feuchtigkeit zu halten. Zudem schützt diese auch vor Dauerregen und somit vor zu viel Feuchtigkeit. Nach etwa zwei Wochen sollten Sie kontrollieren, ob das Myzel gut angewachsen ist. Dazu schiebt man die oberste Häckselschicht ein bisschen beiseite; wird weißliches Myzel auf und zwischen den frischen Holzhäcksel sichtbar, ist das für gewöhnlich ein gutes Zeichen (Abb. 93).

Jedes Jahr im Frühling sollten Sie dem Pilz mit frischen Holzhäcksel und etwas Erde nachfüttern. Außer in den Wintermonaten gilt es außerdem darauf zu achten, dass das Beet feucht bleibt. Der Pilz wird es Ihnen danken und Fruchtkörper

92
Pilzbeet mit Holzhäcksel.

93
Das weiße Myzel ist zwischen den Holzstückchen erkennbar.

92

93

hervorbringen (Abb. 94 und 95). Die Fruchtkörperbildung bei diesem Versuch erfolgt im Frühsommer in mehreren Wellen mit einer jährlichen Ernte von knapp 1 kg.

94 und 95
Fruchtkörper des Riesenträuschlings mit Trockenschäden. Fotos: Friedrich Hutter

Was kann schiefgehen?

Wenn die Holzhäcksel nicht feucht genug sind, kann sich das Myzel dort nicht ausbreiten. Staunässe ist allerdings ebenfalls ungünstig. Wie bei jedem Anbau von Pilzen können sich unerwünschte Pilze ansiedeln. Zudem ist wiederum für Schneckenschutz zu sorgen.

8 Pilzanbau - drinnen

8.1 Pilzanbau auf Sägespänen

Im Profianbau werden heutzutage gängige Pilzarten nicht draußen im Garten auf Baumstämmen kultiviert, sondern in computergesteuerten Hallen, oft auf Basis von Sägespänen in Kunststoffbeuteln. Bevor die Sägespäne mit der Pilzbrut beimpft werden, kommen sie für die Sterilisation und somit zur Vernichtung fast aller unerwünschten Lebewesen in den Autoklaven (S. 72 ff.). Da ein Autoklav aber ziemlich teuer ist, möchten Hobbyanbauer vielleicht nicht so viel Geld investieren, aber trotzdem gern Pilze auf Sägespänen anbauen. Das ist vor allem interessant für Leute, die keinen eigenen Garten, aber eine Terrasse, einen Balkon oder einen passenden Innenraum (Keller, Badezimmer, Hobbyraum, etc.) zur Verfügung haben. Die nun folgende Methode macht das möglich, eignet sich aber bloß für einige robuste und durchsetzungsstarke Pilzarten. Der Grund dafür ist, dass die Sägespäne bei dieser Hobby-Methode nur mit kochendem Wasser übergossen und nicht sterilisiert werden. Dadurch werden die Schadorganismen nur zu einem geringeren Teil ausgeschaltet.

Der Schritt-für-Schritt-Anleitung zum Nachmachen am Ende dieses Kapitels sind im Folgenden einige Grundlagen dieser Methode vorangestellt.

Sauberkeit

Bei allen Arbeitsschritten ist Sauberkeit wichtig, um unerwünschte Kleinstorganismen fernzuhalten. Durch ein paar einfache Maßnahmen lässt sich die Gefahr einer Verunreinigung reduzieren: Bevor Sie den Grundstein für Ihre Pilzproduktion legen, waschen Sie sich mit heißem Wasser und Seife gründlich die Hände und reinigen Sie ebenso sorgfältig die Arbeitsflächen sowie die zum Einsatz kommenden Werkzeuge und Materialien. Bei den einzelnen Arbeitsschritten finden sich noch zusätzliche Hinweise, wie Sie Verunreinigungen bestmöglich vermeiden können.

Pilzarten und Substratwahl

Geeignet für diese Methode sind der Shiitake und aus der Gattung der Seitlinge der Austernseitling, der Lungenseitling, der Rosenseitling und der Zitronenseitling. Auch den Igelstachelbart konnte ich mit dieser Methode anbauen, habe dabei allerdings den Brutanteil auf 800 g erhöht.

Als Substrat eignen sich Sägespäne aus Buchenholz (Abb. 96) mit einem Kornbereich von 0,75 bis 3,0 mm, z.B. Räuchergold HBK 750/2000. Oft werden auch Mischungen aus feinerem und gröberem Material im Verhältnis 2:1 benutzt.

96 Sägespäne mit dem Kornbereich von 0,75 bis 3,0 mm sind ideal.

Sägespäne sind in Pilzshops, als Räucherspäne im Grillbedarf oder in Tierbedarfshandlungen erhältlich. Vielleicht finden Sie ja auch ein Sägewerk oder einen Holzfachbetrieb in Ihrer Nähe, bei dem Sägespäne als Abfall anfallen, die Sie sehr günstig oder sogar gratis erhalten können. Wichtig ist, dass die Sägespäne aus Rotbuche oder zumindest aus Laubhölzern bestehen, da viele Pilzarten auf Nadelholz schlecht oder gar nicht wachsen. Die Späne sollten möglichst frisch sein, nicht schimmeln oder anderweitig verunreinigt sein. Sonst kann es passieren, dass sich der gewünschte Pilz nicht durchsetzen kann. Außerdem sollten Sie darauf achten, dass die Sägespäne aus unbehandeltem Holz entstanden sind, also keine Rückstände von Klebern, Beschichtungen oder ähnlichem enthalten.

Behälter

Geeignete Behälter für den Pilzanbau mit Sägespänen lassen sich in jeder Küche finden. Ich benutze meist haushaltsübliche 6 l Gefrierbeutel, die bis auf 115°C erhitzt werden können. Die Verwendung dieser transparenten Gefrierbeutel macht es leicht möglich, die Entwicklung des Myzels im Substrat und mögliche Kontaminationen zu kontrollieren. Nachteilig ist, dass die Beutel nur einmal benutzt werden können. Um Luftaustausch für die Pilzkultur im Beutel zu gewährleisten, lege ich nach dem Einbringen von Substrat und Pilzbrut ein Stück Watte in die Öffnung ein, bevor ich den Gefrierbeutel mit Draht verschließe (Abb. 97). Passende kunststoffummantelte Drahtstücke werden bei vielen Gefrierbeuteln mitgeliefert.

Andere wiederverwendbare Behälter: Ausrangierte Kochtöpfe mit Deckel können für den Anbau von Pilzen zu einer zweiten Karriere kommen. Auch lebensmittelechte, möglichst transparente 5 l-Kunststoffeimer mit Deckel können Sie verwenden. Die Deckel werden für einen ausreichenden Luftaustausch jeweils einfach nur lose aufgelegt. Auch gebrauchte Schraubgläser, der Größe wegen am liebsten 1,75 l-Essiggurkengläser, kommen zum Einsatz. Um den Luftaustausch für die Pilze zu ermöglichen, wird in den Deckel des Schraubglases mittig ein kleines Loch (ca. 5 mm ø) mit Schraubenzieher und Hammer eingeschlagen und anschließend mit Watte als Filter verschlossen.

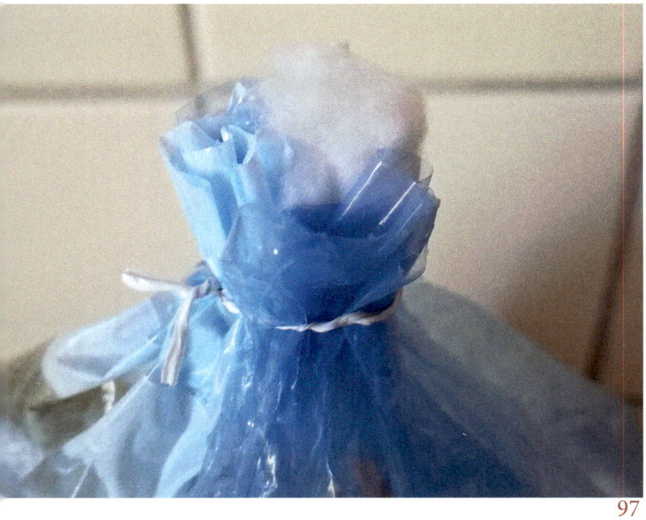

97
Um Luftaustausch zu ermöglichen, wird der Gefrierbeutel ein wenig geöffnet, ein Stück Watte in die Öffnung gesteckt und der Beutel wieder mit Draht verschlossen.

98
Der geöffnete Gefrierbeutel kommt auf die Küchenwaage. Danach werden die Sägespäne mit einem Topf in den Gefrierbeutel geschüttet.

Substratmischung erhitzen

Um ein optimales Verhältnis von Wasser und Sägespänen herzustellen, wiegen Sie die Zutaten am besten ab. Ich verwende dazu eine einfache Küchenwaage (Abb. 98). Im Behälter werden die Sägespäne mit Wasser vermischt. Füllen Sie zuerst die gewünschte Menge Sägespäne ein. Danach gießen Sie kochendes Wasser über das Substrat und verschließen den Behälter sofort (Abb. 99). Das Überschütten mit kochend heißem Wasser dient dazu, Kleinstlebewesen abzutöten. Das geschieht aber nicht vollständig. Falls Sie einen Gefrierbeutel als Behälter benutzen, verschließen sie ihn nur mit Draht und lassen die Watte erst einmal weg. Der Feuchtigkeitsgehalt des Wasser-Sägespäne-Gemischs sollte bei etwa 60% liegen. Ich verwende folgende einfache Faustregel, die leicht zu merken ist: Auf jedes Kilogramm Sägespäne kommt ca. ein Kilogramm kochendes Wasser. Gewöhnlich sind Holzspäne auf eine Restfeuchte von 13% getrocknet; somit führt das Mischungsverhältnis von 1:1 in etwa zum passenden Ergebnis. Das gesamte Wasser im Behälter sollte von den Sägespänen aufgenommen werden. Ist das Substrat zu nass oder zu trocken, muss die Wassermenge angepasst werden. Sie bekommen sicher schnell ein Gefühl dafür, welches Verhältnis für Ihr Substrat geeignet ist.

Beimpfen des Substrats mit Pilzbrut

Die gelockerte bzw. zerbröselte Körnerbrut (zur Herstellung von Pilzbrut siehe Kapitel 6) wird 6 - 7 Stunden nach dem Anfeuchten des Substrats zu der nunmehr erkalteten Substratmischung gegeben (Abb. 100). Stellt man Pilzbrut selbst her, wird das meist in einem Schraubglas gemacht. Um die Pilzbrut darin zu lockern, schlägt man das Schraubglas mehrmals gegen eine feste Unterlage, die mit etwas Weichem überzogen ist, wie z.B. eine Sofalehne. Die Hand sollte dabei mit einem dicken Handschuh geschützt sein, falls das Glas zu Bruch geht. Ist die Lockerung so nicht mehr möglich, weil die Pilzbrut zu fest zusammenhält, benutzt man einfach einen sauberen Esslöffel und kratzt die Pilzbrut heraus. Gekaufte Pilzbrut befindet sich oft in einem Filterbeutel. Sie wird vor der Verwendung noch im geschlossenen Beutel mit den Händen zerbröselt. Der Grund für das Zerbröseln bzw. das „Auskratzen" der Pilzbrut ist die

99
Kochend heißes Wasser wird über die Sägespäne geschüttet, um Mikroorganismen abzutöten.

100
Nachdem die Sägespäne abgekühlt sind, wird die Pilzbrut untergemischt.

99

100

Vereinzelung der Getreidekörner. So entstehen viele Einheiten, aus denen das Myzel die Nahrung besiedeln kann.

Damit das Substrat von vielen Stellen aus mit dem gewünschten Pilz bewachsen werden kann und so das gesamte Substrat schnell besiedelt wird, sollte die Pilzbrut gut untergemischt werden.

Werden Gefrierbeutel als Behälter verwendet, öffnet man den mit Substratmischung gefüllten Beutel, kippt oder löffelt die Pilzbrut schnell hinein und verschließt den Beutel sofort wieder. Sollten noch größere Stücke Pilzbrut vorhanden sein, werden sie von außen mit der Hand zerbröselt, damit möglichst viele Einzelkörner entstehen. Nachdem der Inhalt bei geschlossenem Beutel mit den Händen gut durchgemischt ist (das kann schon einige Minuten dauern), wird der Drahtverschluss des Gefrierbeutels ein wenig geöffnet, ein Stück Watte (zwecks Luftaustausch) in die Öffnung gesteckt und der Beutel wieder mit dem Draht verschlossen. Danach drückt man den Inhalt ein wenig nach unten, so dass ein Block entsteht. Es sollte aber nicht zu sehr verdichtet werden! Bei Verwendung von Gefrierbeuteln werden zusätzlich die unteren Enden des Beutels nach oben geklebt. So entsteht ein stabiler Block (Abb. 101).

Empfehlenswert ist ein Pilzbrutanteil von ca. 20%, d.h. es sollten 400 g Pilzbrut auf 2 kg Substratgemisch, bestehend aus 1 kg Substrat und 1 kg Wasser, gegeben werden. Zur Orientierung: 1 l gekaufte Pilzbrut auf Getreidebasis wiegt etwa 500 - 700 g.

Werden andere Behälter für den Pilzanbau auf Sägespänen benutzt, kippt man die Pilzbrut auch auf die Sägespäne und vermischt alles mit einem sauberen Löffel. Danach drückt man das Gemisch mit dem Löffel ein wenig zusammen, um Lufteinschlüsse zu beseitigen. Wichtig ist auch hier, den Behälter nach dem Befüllen und Mischen sofort zu verschließen, damit möglichst keine unerwünschten Organismen eindringen können.

Nun wird der Behälter beschriftet: Es lohnt sich, die Pilzart, das Ansetzdatum und eventuell weitere Details wie Art und Mischungsverhältnis des Substrats sowie den Pilzbrutanteil zu notieren.

Für Neulinge ist es ratsam, mit den beschriebenen Substratmengen und nur mit wenigen Pilzkulturen zu beginnen. So bleiben die Verluste überschaubar, falls etwas schief geht.

101
Substratblock mit den Beutelenden nach oben geklebt. Diese Kultur ist komplett mit Myzel durchwachsen und hat bereits kleine Fruchtkörperbüschel gebildet.

Durchwachsphase

Für ein gutes Wachstum sollte die Pilzkultur in einem sauberen, abgedunkelten und warmen Zimmer gelagert werden. Bei einer Raumtemperatur von 20°C wachsen viele Pilzarten gut, auch wenn die optimale Wachstumstemperatur von der jeweiligen Pilzart und innerhalb der Art auch noch vom jeweiligen Kulturstamm abhängig ist. Ist die Temperatur suboptimal, wächst der Pilz langsamer.

Wenn alles gut läuft, sollten Sie schon nach wenigen Tagen kleine weiße Flecken auf dem Substrat sehen (Abb. 102 und 103). Das ist das Myzel, das von den einzelnen Pilzbrutkörnern auswächst und sich ausbreitet. Sollten diese weißen „Myzelflecken“ auf dem Substrat nicht größer werden, kann es sein, das der Pilz zu wenig Luft bekommt. Sie können Abhilfe schaffen, indem Sie mit einer sauberen Stecknadel kleine Löcher ringsum in den Gefrierbeutel stechen. Etwa 60 Löcher sollten ausreichen, damit der Pilz genug Sauerstoff bekommt.

Die meisten kultivierbaren Pilzarten bilden ein weißliches Myzel aus. Zeigen sich nach einiger Zeit anders gefärbte, meist grünliche Stellen, handelt es sich dabei höchstwahrscheinlich um Schimmel. Kleine Stellen werden gewöhnlich von dem Kulturpilz überwachsen, größere können großzügig (aber nicht im Durchwachsraum!) mit einem sauberen Löffel entfernt werden. Hat sich die Kontamination über einen großen Teil der Pilzkultur ausgebreitet, bleibt nichts anderes übrig, als diese zu entsorgen. Falls man sie bei den anderen Kulturen lässt, kann die Verunreinigung auch auf diese übertragen werden. Die Pilzkulturen sollten deshalb während der Durchwachsphase regelmäßig auf Kontaminationen überprüft werden.

Wächst eine Pilzkultur nicht an oder ist kontaminiert, kann dies mehrere Ursachen haben. Wenn sich der Pilz gar nicht ausbreitet oder das Substrat verschimmelt, war entweder die Pilzbrut zu alt oder die Arbeitsumgebung, der Durchwachsraum oder die Sägespäne waren stark mit Keimen belastet. Dann sollten Sie es mit Pilzbrut und Sägespänen aus anderen Quellen erneut versuchen, z.B. mit einer neuen Packung von einem anderen Hersteller.

Fruchtkörperbildung

Die Seitlinge beginnen für gewöhnlich von selbst nach einigen Wochen (u.a. abhängig von Temperatur und dem Kulturstamm), kleine Fruchtkörperansätze – sogenannte Primordien – zu bilden. Werden kleine, weiße Knubbel auf der

102 und 103
Nach wenigen Tagen sieht man bereits weiße Myzelflecken.

102

103

Substratoberfläche sichtbar, ist es an der Zeit, den Behälter mit der Pilzkultur zu öffnen. Wurden Gefrierbeutel als Behälter verwendet, kann man über den kleinen Fruchtkörperbüscheln kreuzweise etwa 4 cm lange Schlitze schneiden. Achten Sie darauf, dass sich nicht zu viele Fruchtkörperansätze weiterentwickeln. Ich lasse gewöhnlich nur 3 - 4 Ansätze zu fertigen Büscheln auswachsen. Die anderen Knubbel drücke ich mit dem Fingernagel ein, damit sie absterben. Denn dann gibt der Pilz die ganze Kraft in die übriggebliebenen 3 - 4 Ansätze und bildet so große schöne Fruchtkörperbüschel aus.

104
Mit einer Schere schneidet man kreuzförmig Schlitze in den Gefrierbeutel, damit die Fruchtkörper herauswachsen können.

105
Der Shiitakeblock ist bereit, Fruchtkörper auszubilden.

Bilden sich gar keine Fruchtkörperansätze, obwohl das Substrat gut durchwachsen ist, schneiden Sie drei bis vier Kreuze in den Beutel (Abb. 104) und stellen ihn in das Gewächshaus (weitere Erklärung dazu weiter hinten). Durch die feuchte, kühle, helle und mit Frischluft angereicherte Atmosphäre im Gewächshaus wird die Fruchtkörperbildung angeregt, und es sollten sich dort, wo die Kreuze in den Beutel geschnitten wurden, in der Folge Fruchtkörper bilden.

Eine Shiitakekultur (diese am besten in Gefrierbeuteln ansetzen) benötigt bis zur Reife oft 2 - 4 Monate oder noch länger. Die Besonderheit bei Shiitake ist, neben der langen Reifezeit, dass das Myzel eine Art Schutzschicht um das Substrat ausbildet, welche teilweise braun gefärbt ist (Abb. 105). Wie bei den Seitlingen bildet auch der Shiitake von selbst seine Fruchtkörper aus. Hier muss man aber die Kultur besonders genau beobachten, da die kleinen Fruchtkörperansätze manchmal schwer zu erkennen sind (Abb. 106 und 107). Wenn ich erste Knubbel sehe, kommt die Kultur für 12 Stunden in den Kühlschrank. Danach können Sie die Kultur einige Male aus etwa 5 cm Höhe auf eine harte Oberfläche fallen lassen. Übertreiben Sie das aber nicht, der Block könnte sonst auseinander brechen. So wird die Fruchtkörperbildung noch weiter angeregt.

Danach entfernt man den Gefrierbeutel komplett (Abb. 108) und stellt die Pilzkultur auf eine Unterlage. Gut geeignet ist ein Gitter, ähnlich einem Grillrost. Auch ein Teller o.ä. ist möglich. Danach kommt die Pilzkultur in das Gewächshaus. Nach einigen Tagen haben sich aus den kleinen Ansätzen fertige Fruchtkörper entwickelt (Abb. 109).

Folgende Maßnahmen ermöglichen eine optimale Fruchtkörperentwicklung:

Gewächshaus und Luftfeuchtigkeit

Damit sich die Fruchtkörper gut ausbilden können, ist eine erhöhte Luftfeuchtigkeit notwendig. In den meisten Wohnräumen ist die Luft dafür nicht feucht genug. Steht kein Raum mit hoher Luftfeuchtigkeit, z.B. ein feuchter Keller oder ein Waschraum, zur Verfügung, können die Pilzkulturen in ein Gewächshaus gestellt werden. Für Pilzanbauer ohne professionelle Produktionsambitionen kann dazu ein 60 cm x 40 cm x 60 cm (Länge x Breite x Höhe) großer transparenter Kunststoffbehälter mit Deckel aus dem Baumarkt dienen. In einem Behälter mit diesen Abmessungen haben zwei Pilzkulturen knapp Platz (Abb. 110). Auch ein Aquarium wäre als Gewächshaus denkbar. Haben Sie weitergehende Pläne, ist ein kleines Foliengewächshaus mit mehreren Etagen empfehlenswert. Ich benutze ein Anzuchtgewächshaus für Pflanzen, das 160 cm hoch, 69 cm breit und 50 cm tief ist. Hier lassen sich 8 Pilzkulturen locker unterbringen (Abb. 111 und 112).

Um im Gewächshaus eine hohe Luftfeuchtigkeit herzustellen, werden die Wände des Gewächshauses regelmäßig

106

107

106
Ein kleiner Shiitake-Fruchtkörperansatz mit dunkelbraunem Hut und hellbraunem Stiel.

107
Durch den Gefrierbeutel erkennt man die kleinen Shiitake-Fruchtkörperansätze manchmal schwer.

108
Um den Gefrierbeutel zu entfernen, wird er am besten an zwei Seiten mit der Schere aufgeschnitten.

109
Erntereife Shiitake Fruchtkörper.

108

109

110
Eine transparente Transportbox eignet sich gut als kleines Gewächshaus für die Pilzkulturen.

111 und 112
Ein kleines Foliengewächshaus ist ideal für die Fruchtkörperbildung der Pilzkulturen.

111

112

mit Wasser aus einer Sprühflasche besprüht. In meinen Gewächshäusern schwankt die relative Luftfeuchte zwischen 70 und 90%. Ich beobachte sie mit einem handelsüblichen Hygrometer. Praktischerweise zeigt das Gerät auch gleich die Temperatur mit an.

Wer seine Pilzkulturen nicht im Haus oder in der Wohnung halten möchte, stellt sie am besten draußen auf eine schattige Terrasse oder einen Balkon. Wenn es dort ausreichend feucht ist, kann u.U. sogar auf ein Gewächshaus verzichtet werden.

Temperatur

Für die meisten Pilzarten stellt das Reduzieren der Temperatur nach der Durchwachsphase einen Reiz dar, der hilft, die Fruchtkörperentwicklung in Gang zu setzen. Die optimale Temperatur während der Fruchtkörperbildung ist dann meist wieder etwas höher als nach dem Kältereiz. Als Richtwerte für den Kältereiz und die optimale Temperatur für die Fruchtkörperbildung können 10 - 20°C angenommen werden. Deshalb ist die kältere Jahreshälfte für diese Art von Anbau zu empfehlen. Es gibt aber auch Kulturstämme, die bei wärmeren Temperaturen gut gedeihen.

Licht

Ausreichend Licht ist in der Phase der Fruchtkörperbildung für viele Pilzarten wichtig. Meine Gewächshäuser stehen im Badezimmer in der Nähe des Fensters, wo ausreichend Tageslicht für die Pilzkulturen vorhanden ist. Direkte Sonneneinstrahlung sollte allerdings vermieden werden. Alternativ gedeihen Pilze auch bei Kunstlicht.

Frischluft

Während der Zeit der Fruchtkörperentwicklung ist für die Pilzkulturen auch Frischluftzufuhr wichtig. Das erreiche ich, indem ich die Gewächshäuser und das Badezimmerfenster täglich für ein paar Minuten öffne. So kommt genügend Sauerstoff nach, den die Pilze aufnehmen, und CO_2, das die Pilze abgeben, kann entweichen.

Beim Kunststoffbehälter-Gewächshaus fördere ich zusätzlich den Luftaustausch, indem ich mit dem Deckel einige Male Luft in die Box fächle. Die Gewächshäuser verschließe ich danach aber nicht komplett. Beim Anzuchtgewächshaus bleibt meist eine Seite offen, damit weiterhin Luft ausgetauscht werden kann. Auch die transparenten Kunststoffbehälter bleiben meist einen Spalt offen, doch sollte die hohe Luftfeuchtigkeit im Innern unbedingt erhalten bleiben. Hier gilt es, die richtige Balance zu finden. Sie finden durch Probieren bestimmt heraus, was für Ihre Verhältnisse passend ist.

Anscheinend erhalten meine Austernseitlingskulturen trotz allem etwas zu wenig Frischluft, da sie leicht deformierte Fruchtkörper ausbilden. Wenn sie statt breiter, ovaler Hüte mit rudimentären Stielen trompetenförmige Fruchtkörper mit langen Stielen und kleinen Hüten ausbilden, liegt das typischerweise an einer zu hohen CO_2-Konzentration. Auch Lichtmangel kann zu andersartig geformten Fruchtkörpern führen.

Ernte

Nach einigen Tagen sind die Fruchtkörper erntereif. Bei vielen Pilzarten ist das daran zu erkennen, dass der Hutrand noch nach unten gebogen bzw. noch ein wenig eingerollt ist. Wartet man zu lange fallen die Sporen heraus. Die Sporen, die dann oft als weißer Staub um die Pilzkultur sichtbar werden, können bei einigen Pilzarten allergen wirken. Deshalb ist es empfehlenswert, die Fruchtkörper, vor allem in Innenräumen, zu ernten, bevor die Sporen rausfallen. Kommt es dennoch mal zum Sporenabwurf, wischt man sie einfach mit einem feuchten Tuch weg.

Bei der Ernte der **Seitlinge** werden am besten die ganzen Büschel sehr nahe am Substrat abgeschnitten. Denn lässt man kleine Fruchtkörper oder Stielansätze zurück, können diese verschimmeln und damit die Kultur verunreinigen. Zwischen den Ernten wird die Seitlingskultur einfach im Gewächshaus belassen. Um das Austrocknen der Kultur zu minimieren, klebt man die Kreuzschnitte mit Klebeband zu. Falls die Kultur trotzdem eintrocknet, stechen Sie z.B. mit einem Kochlöffel 2 - 3 Löcher (1 cm ø) in die Oberseite der Kultur, bis etwa $^2/_3$ davon durchstoßen ist, und geben Wasser zu.

Die erste Ernte ist für gewöhnlich auch die größte. Bei mir liegt sie zwischen 0,25 und 0,4 kg pro Pilzkultur, welche zu Beginn ca. 2,4 kg (1 kg Sägespäne, 1 kg Wasser und 0,4 kg Pilzbrut) wiegt. Die nächsten Ernten fallen dann geringer aus. Insgesamt kann man mit 3 - 4 Erntewellen rechnen.

Die **Shiitakekultur** lässt man nach der ersten Ernte ca. 1 - 2 Wochen bei Raumtemperatur stehen und ergreift dann einige Maßnahmen, um die erneute Frucht-

113
Die Shiitakekultur wird völlig unter Wasser getaucht, damit sie gut Wasser aufnehmen kann.

körperbildung anzuregen. Zuerst taucht man den Block mit einem Stein beschwert für 8 - 10 Stunden unter Wasser (Abb. 113). Manchmal nimmt der Block aber nur wenig Wasser auf. Am besten durchlöchert man dann die Kultur mit einer Stricknadel. Drei durchgehende Löcher in der Kultur sind dafür ausreichend. Die Kultur sollte nach dem Wässern etwas weniger als das ursprüngliche Gewicht beim Auspacken erreichen. Danach lässt man sie oberflächlich kurz abtrocknen.

Nach dem Trocknen kommt der Block wieder 12 Stunden in den Kühlschrank.

Pilzanbau auf Sägespänen in Gefrierbeuteln – Schritt-für-Schritt zur Pilzkultur

Benötigt wird für die Herstellung der Pilzkultur:

- Arbeitsraum mit etwa 0,5 m^2 Arbeitsfläche (z.B. Küche)
- 1 kg Rotbuchen-Sägespäne Größe: 0,75 - 3,0 mm
- 1 kg Wasser
- 6 l Gefrierbeutel, Watte und Draht
- Küchenwaage
- Kleiner Topf und Wasserkocher
- 400 g Pilzbrut, bei Shiitake besser 600 g (Herstellung wird in Kapitel 6 beschrieben)
- Esslöffel
- Klebeband, Permanentmarker
- Warmer, abgedunkelter und sauberer Ort für die Durchwachsphase der Pilzkultur (z.B. Wohnzimmer, Abstellkammer)

Arbeitsschritte zur Herstellung der Pilzkultur

1. Arbeitsfläche und Hände säubern
2. Den Gefrierbeutel öffnen, auf die Waage legen und die Waage auf Null stellen.
3. Mit einem kleinen Topf 1 kg Sägespäne in den Beutel füllen
4. 1 kg kochend heißes Wasser gut verteilt über die Sägespäne gießen
5. Den Gefrierbeutel sofort mit Draht verschließen
6. Die Sägespäne sollten nach einiger Zeit das ganze Wasser aufgenommen haben. Bildet sich Staunässe, geben Sie noch Sägespäne dazu. Zu trocken darf es aber auch nicht sein. Das würde man erkennen: trockene Sägespäne sind heller als die feuchten.
7. Die Substratmischung für etwa 6 - 7 Stunden auskühlen lassen
8. Vorbereitung der Pilzbrut: Selbst hergestellte Pilzbrut befindet sich meist in einem Schraubglas. Ist es nicht möglich, sie im geschlossenen Glas wie vorher beschrieben zu lockern, kratzt man sie über dem offenen Gefrierbeutel mit einem sauberen Esslöffel aus dem Glas heraus. Gekaufte Pilzbrut im Beutel wird kurz vor der Verwendung im noch verschlossenen Beutel mit den Händen zerbröselt.
9. Den Gefrierbeutel mit der ausgekühlten Substratmischung öffnen, 400 g bzw. 600 g Pilzbrut einfüllen und den Beutel sofort mit etwas Luftpolster darin verschließen.
10. Den gesamten Inhalt von außen mit den Händen sehr gut durchmischen und anschließend zu einem kompakten Block formen.
11. Die beiden Enden des Gefrierbeutels nach oben klappen und mit Klebeband festkleben.
12. Den Drahtverschluss des Gefrierbeutels ein wenig öffnen, ein Stück Watte in die Öffnung stecken und den Beutel wieder mit Draht schließen.
13. Den Beutel mit Pilzart und Datum beschriften.
14. Die Pilzkultur einige Wochen zum Durchwachsen an einen warmen und sauberen Ort stellen. Stockt das Myzelwachstum, 60 Löcher in den Beutel stechen. Die Shiitakekultur muss, um die Schutzschicht gleichmäßig auszubilden, einige Male auf verschiedene Seiten gewendet werden.

Danach können Sie ihn einige Male auf eine harte Oberfläche aus etwa 5 cm Höhe fallen lassen. Nach dieser Prozedur kommt die Shiitakekultur wieder zur Ausbildung der Fruchtkörper in die feuchte und kühle Atmosphäre des Gewächshauses. Das Ganze wiederholen Sie nach der Ernte und der Ruhephase so oft, bis keine Fruchtkörper mehr gebildet werden.

Um im Gewächshaus Platz für neue Kulturen zu schaffen, stelle ich die Pilzkulturen nach mehrmaliger Ernte in den Pilzgarten nach draußen. Dort bilden sie dann manchmal noch weitere Fruchtkörper aus. Werden gar keine Fruchtkörper mehr gebildet, wenn die Nahrung im Block also aufgebraucht ist, können sie als Mulch verwendet, auf den Kompost gegeben oder in die Biotonne entsorgt werden.

Pilzanbau auf Sägespänen in Gefrierbeuteln – die weiteren Schritte

Benötigt wird für die Fruchtkörperbildung der Pilzkultur:

- Geeignete Unterlage für Shiitakekultur (z.B. Teller o.ä.)
- Gewächshaus: Transparente Kunststoffbehälter mit Deckel 60 cm x 40 cm x 60 cm (Länge × Breite × Höhe) oder kleines Foliengewächshaus
- Sprühflasche mit Wasser, Schere, Klebeband
- Evtl. Hygrometer (= Luftfeuchtigkeitsmesser)
- Kühler, sauberer Ort ohne direktes Sonnenlicht für das Gewächshaus mit der Pilzkultur (z.B. Badezimmer, Hobbyraum, Balkon, Terrasse)

Arbeitsschritte zur Fruchtkörperbildung

1. *Fruchtkörperbildung Seitlinge:*
   Meist bilden sich von selbst Fruchtkörperansätze; dort Kreuzschnitte am Beutel anbringen, damit sich die Fruchtkörper weiter entwickeln können. Nur 3-4 Ansätze ausreifen lassen, die anderen mit Fingernagel eindrücken. Den Beutel in das Gewächshaus stellen.
   Fruchtkörperbildung Shiitake:
   Für gewöhnlich bilden sich kleine Fruchtkörperansätze von selbst aus. Dann die Kultur für 12 Stunden in den Kühlschrank stellen und die Kultur danach einige Male aus 5 cm Höhe auf den Boden fallen lassen. Anschließend den Beutel entfernen, abwiegen und die Pilzkultur auf einer Unterlage, z.B. einem Teller o.ä. in das Gewächshaus stellen.
2. Der Standort des Gewächshauses sollte hell, aber ohne direkte Sonneneinstrahlung sein.
3. Den Raum mit dem Gewächshaus und das Gewächshaus selbst ein- bis zweimal täglich lüften; Gewächshauswände mit Wasser besprühen.
4. Nach einigen Tagen können die Fruchtkörper geerntet werden.
5. In der Zeit zwischen den Ernten, die Seitlingskultur im Gewächshaus lassen. Die Kreuzschnitte werden zuvor zugeklebt.
6. Die Shiitakekultur nach der Ernte 1-2 Wochen bei Raumtemperatur trocken lagern. Danach die Kultur 8 - 10 Stunden mit einem Stein beschwert in Wasser untertauchen. Falls die Kultur nur wenig Wasser aufnimmt, mit einer Stricknadel drei durchgehende Löcher in den Block stechen. Weiter wässern (ca. 8 - 10 Stunden), bis die Pilzkultur so viel Wasser aufgenommen hat, dass sie etwas weniger wiegt als sie ursprünglich an Gewicht beim Auspacken hatte. Danach die Pilzkultur oberflächlich abtrocknen lassen, dann wiederum für 12 Stunden in den Kühlschrank stellen. Danach mehrmals aus einer Höhe von 5 cm auf eine feste Unterlage fallen lassen und schließlich wieder auf einer Unterlage in das Gewächshaus stellen. So oft wiederholen bis keine Fruchtköper mehr gebildet werden.
7. Es sind 3 - 4 Erntewellen zu erwarten.

8.2 Pilzanbau auf Kaffeesatz

Einige Pilzarten aus der Gattung der Seitlinge (Austernseitling, Lungenseitling, Rosenseitling und Zitronenseitling) können auf vielen unterschiedlichen Materialien wachsen. Sie gedeihen nicht nur auf Holz, wo sie natürlicherweise zu finden sind, sondern auch auf landwirtschaftlichem „Abfall" und weiteren Materialien, ja sogar auf Zeitungspapier.

Bei uns ist der Anbau auf Kaffeesatz interessant, da er ein Abfallprodukt ist, das hierzulande täglich in großen Mengen anfällt. Insbesondere in Städten haben sich deshalb schon Firmen gegründet, die gesammelten Kaffeesatz als Grundlage für den Anbau von Seitlingen verwenden.

Die Vorgehensweise ist sehr ähnlich wie bei dem Anbau auf Sägespänen im vorigen Unterkapitel (8.1). Deshalb werden hier nur die Abweichungen beschrieben. Die Schritt für Schritt Anleitung am Ende des Unterkapitels ist ebenfalls verkürzt dargestellt, da sie mit dem Sägespäne Anbau ab einem gewissen Punkt identisch ist.

Kaffeesatz als Substrat

Kaffeesatz fällt in Kaffeehäusern, Restaurants oder bei Kaffeetrinkern zu Hause in mehr oder weniger beträchtlichen Mengen an. Ich selbst beziehe Kaffeesatz aus dem Büro meines Mannes. Neben der Kaffeemaschine stehen dort verschließbare Behälter, in denen das gebrauchte Kaffeepulver gesammelt wird (Abb. 114). Für unseren Zweck ist nur wichtig, dass er nicht länger als ein paar Tage aufbewahrt wird, da sonst die Gefahr von Schimmelbildung steigt. Bevor ich den Kaffeesatz verwende, kontrolliere ich ihn deshalb auf Schimmel. Entdecke ich grünliche Stellen, verwende ich ihn nicht.

Beim Kaffeepulver gibt es verschiedene Korngrößen. Ich erhalte meist eine Mischung mit Korngrößen zwischen 0,5 bis 1 mm. Deshalb beziehen sich die folgenden Angaben auf dieses Substrat. Benutzen Sie anderen Kaffeesatz, muss das Vorgehen evtl. angepasst werden.

Der feuchte Kaffeesatz wird zu Beginn in der Mikrowelle für ca. 7 Min. bei 750 Watt erhitzt. Das gilt für einen Behälter mit ca. 1 kg Kaffeesatz. So wird ein Teil der unerwünschten Mikroorganismen

*114
Verschließbare Behälter schützen den Kaffeesatz vor möglichen Schimmelsporen aus der Luft.*

*115
Kaffeesatz beim Trocknen in der Sonne.*

114

115

abgetötet. Dieser Schritt kann auch ausgelassen werden, wenn Sie ganz frischen und sauberen Kaffeesatz verwenden.

Kommt bei Ihnen täglich nur wenig Kaffeesatz zusammen, können Sie ihn trocknen. Hierfür breite ich ihn in einer dünnen Schicht (etwa 2 mm) auf einer Unterlage (Tablett, Teller) aus. In Räumen mit einer eher geringen Luftfeuchtigkeit ist er in wenigen Tagen getrocknet. In einer Umgebung mit hoher Luftfeuchtigkeit, oder wenn die Schicht zu dick ist, beginnt er zu schimmeln und muss entsorgt werden. Im Sommer stellt man den Kaffeesatz einfach in die direkte Sonne, dann ist er nach einem Tag trocken (Abb. 115).

Um die Pilzkultur mit trockenem Kaffeesatz anzusetzen, ist es nötig, ihn wieder zu befeuchten. Auf 0,8 kg trockenen Kaffeesatz kommt etwa 1,2 kg kochendes Wasser. Der optimale Feuchtigkeitsgrad für die Pilzkultur lässt sich einfach herausfinden: Ein wenig Kaffeesatz in die Hand nehmen und fest zusammenpressen. Lösen sich nur vereinzelt Tropfen, ist das Verhältnis Kaffeesatz/Wasser gut. Lässt sich ein kleines Rinnsal auspressen, ist der Kaffeesatz zu feucht. Dann geben Sie noch mehr getrockneten Kaffeesatz oder anderes trockenes Substrat wie Sägespäne oder Strohpellets dazu, um die richtige Feuchtigkeit zu erreichen. Wer also getrockneten Kaffeesatz verwendet, kann sich auch komplett an die Methode in Kapitel 8.1 halten, bis auf die erforderlichen 60 kleinen Löcher in der fertigen Pilzkultur.

Kaffeesatz mit Pilzbrut vermischt in geeignete Behälter füllen

Ist der Kaffeesatz ausgekühlt, geben Sie die Pilzbrut zu (400 g auf 2 kg feuchten Kaffeesatz). Dafür mischen Sie den Kaffeesatz und die Pilzbrut mit einem Löffel in einer sauberen großen Schüssel gut durch (Abb. 116 und 117). Füllen Sie die Mischung dann in einen Behälter, z.B. in einen 6 l Gefrierbeutel und verschließen ihn mit Draht. Da der Luftaustausch bei Kaffeesatz als alleinigem Substrat nicht gut funktioniert, stechen Sie mit einer Nadel etwa 60 feine Löcher gut verteilt in den Beutel.

Informationen für die Durchwachsphase, zur Fruchtkörperbildung und Ernte siehe im Unterkapitel 8.1, S. 58 ff.

116
Pilzbrut auf Kaffeesatz in Schüssel.

117
Umfüllen von Pilzbrut-Kaffeesatz Gemisch in einen Gefrierbeutel.

116

117

Abb. 118, 119 und 120 zeigen die Fruchtkörperbildung und die Ernte einer Austernseitlingskultur auf Basis von Kaffeesatz.

Pilzanbau auf Kaffeesatz – Schritt-für-Schritt

Benötigt werden:

- Arbeitsraum mit etwa 0,5 m^2 Arbeitsfläche
- 2 kg feuchter Kaffeesatz
- Behälter für den Kaffeesatz (evtl. mikrowellenfest)
- 6 l Gefrierbeutel, Draht, Nadel
- Waage, große Schüssel, evtl. Mikrowelle
- 400 g Pilzbrut (Herstellung im Kapitel 6 beschrieben)
- Esslöffel, Klebeband, Permanentmarker
- Warmer, abgedunkelter, sauberer Ort für die Durchwachsphase der Pilzkultur (z.B. Wohnzimmer, Abstellkammer)

Arbeitsschritte:

1. Kaffeesatz mit „Handprobe" auf passende Feuchtigkeit prüfen: Etwas Kaffeesatz mit der Hand zusammendrücken. Dabei sollte nur sehr wenig Wasser auszupressen sein.
2. Optional: Kaffeesatz in der Mikrowelle erhitzen (1 kg etwa 7 Min.) und im geschlossenen Behälter einige Stunden auskühlen lassen.
3. Schüssel auf die Waage stellen, auf Null stellen und 2 kg kalten Kaffeesatz in die Schüssel geben.
4. 400 g gelockerte Pilzbrut dazugeben und gut mit einem Löffel vermischen.
5. Den Gefrierbeutel öffnen, das Pilzbrut-Kaffeesatz-Gemisch einfüllen und den Beutel mit Draht verschließen.
6. Die unteren Ecken des Gefrierbeutels nach oben klappen und mit Klebeband festkleben.
7. Einen stabilen Block formen.
8. Beschriften mit Pilzart und Datum.
9. Mit einer Nadel etwa 60 feine Löcher gut verteilt in den Gefrierbeutel stechen.
10. Die Pilzkultur einige Wochen zum Durchwachsen an einen warmen, abgedunkelten und sauberen Ort stellen.

Weiter verfahren wie in Kapitel 8.1 beschrieben, (S. 65) unter „Arbeitsschritte zur Fruchtkörperbildung".

8.3 Pilzanbau auf Strohpellets

Einige Seitlinge (Austernseitling, Lungenseitling, Rosenseitling und Zitronenseitling) können auf Strohpellets angebaut werden. Der Anbau ist ähnlich, wie es schon bei Sägespänen (S.55 ff.) und Kaffeesatz (S. 66 ff.) als Substrat beschrieben wurde. Eigentlich könnten Sie genau so vorgehen wie im Unterkapitel 8.1 beschrieben, bis auf die erforderlichen 60 Löcher in der fertigen Pilzkultur. Der Grund für eine Abänderung der Methode ist, dass sich die Strohpellets im Gefrierbeutel nur schwer mit der Pilzbrut vermischen lassen, da sie eine andere Konsistenz besitzen als Sägespäne.

Strohpellets als Substrat

Strohpellets bzw. Strohgranulat sind in Tierbedarfsgeschäften oder über das Internet erhältlich (Abb. 121). Sie benötigen wenig Lagerplatz, weil sie sehr dicht gepresst sind.

Beimpfen der Strohpellets mit Pilzbrut

Füllen Sie die Strohpellets in einen hitzebeständigen und verschließbaren Behälter, z.B. in einen großen Kochtopf. Achten Sie darauf, dass der Behälter groß genug ist, da die Strohpellets stark aufquellen, sie verdreifachen etwa ihr Volumen. Schütten Sie dann kochend heißes Wasser über die Pellets und verschließen Sie den Behälter. Für eine optimale Feuchtigkeit reicht es gewöhnlich aus, wenn Sie 0,8 kg Strohpellets mit 1,2 kg kochend heißem Wasser übergießen. Das Substrat soll sich feucht anfühlen, nicht zu nass, aber auch nicht zu trocken sein. Passen Sie die Wasser- oder Pelletzugabe an, falls Ihr Substrat sich nicht dementsprechend anfühlt. Nach 6-7 Stunden ist das Substrat abgekühlt und kann mit der Pilzbrut vermischt werden. Geben Sie dazu die Pilzbrut in den Kochtopf und mischen Sie das feuchte Stroh mit der Pilzbrut mit einem Löffel gut durch. Füllen Sie das beimpfte Substrat um – gut geeignet dafür ist ein 6 l Gefrierbeutel – und verschließen Sie diesen mit einem Draht. Danach stechen Sie etwa 60 Löcher mit einer Nadel gut verteilt in den Beutel, damit genügend Luft ausgetauscht werden kann.

Informationen zur Durchwachsphase, Fruchtkörperbildung und Ernte finden sich in Kapitel 8.1, S. 58. Die Abb. 122 bis

121 Strohpellets.

122 und 123 Die Fruchtkörperentwicklung des Austernseitlings.

122

123

124

125

122, 123, 124 und 125
Fruchtkörperentwicklung des Austernseitlings. In Bild 125 ist deutlich zu sehen, dass die Fruchtkörper lange Stiele und kleine Hüte ausgebildet haben. Schuld daran ist ein zu hoher CO_2-Gehalt in der Umgebung. Der Geschmack leidet aber nicht darunter.

125 zeigen die Fruchtkörperbildung einer Austernseitlingskultur auf Strohpellets in einem lebensmittelechten 5 l-Eimer.

Pilzanbau auf Strohpellets – Schritt für Schritt

Benötigt werden:

- Arbeitsraum mit etwa 0,5 m^2 Arbeitsfläche (z.B. Küche)
- 0,8 kg Strohpellets
- 1,2 kg Wasser
- Wasserkocher, Waage
- Großer Kochtopf mit Deckel
- 6 l Gefrierbeutel, Draht, Nadel
- 400 g Pilzbrut (Herstellung wie in Kapitel 6 beschrieben oder erwerben)
- Esslöffel, Klebeband,
- Permanentmarker
- Warmer, abgedunkelter, sauberer Ort für die Durchwachsphase der Pilzkultur (z.B. Wohnzimmer, Abstellkammer)

Arbeitsschritte

1. 0,8 kg Strohpellets in großen Kochtopf geben.
2. 1,2 kg kochendes Wasser darüber leeren und sofort mit Deckel zudecken.
3. Das Gemisch 6 - 7 Stunden auskühlen lassen.
4. 400 g Pilzbrut dazugeben und alles gut mit einem Löffel vermischen.
5. Den Gefrierbeutel öffnen, das Pilzbrut-Strohpellet-Gemisch einfüllen und den Beutel mit Draht verschließen.
6. Die unteren Enden des Gefrierbeutels nach oben klappen und mit einem Klebeband ankleben.
7. Einen stabilen Block formen.
8. Beschriften mit Pilzart und Datum.
9. Mit einer Nadel etwa 60 feine Löcher gut verteilt in den Gefrierbeutel stechen.
10. Die Pilzkultur einige Wochen zum Durchwachsen an einen warmen, abgedunkelten und sauberen Platz stellen.

Weiter verfahren wie in Kapitel 8.1 (S. 65 ff.) unter „Arbeitsschritte zur Fruchtkörperbildung" beschrieben.

8.4 Wie die Profis arbeiten

Prinzipiell arbeiten die Pilzanbauprofis bis auf wenige Ausnahmen so, wie schon im Kapitel 8.1 erklärt. Ein wesentlicher Unterschied ist, dass sie nicht wie dort beschrieben das Substrat mit kochendem Wasser überbrühen, sondern es zur Sterilisation in den Autoklaven oder großen Schnellkochtopf tun. Denn durch Sterilisation ist es möglich, die Mikroorganismen und ihre Vermehrungseinheiten fast vollständig zu vernichten. Diese Technik wurde bereits bei der Herstellung von einer Reinkultur bzw. Pilzbrut beschrieben. Der Unterschied zu hier ist, dass größere Mengen anfallen. Und deshalb ist zum Sterilisieren ein großer Schnellkochtopf oder eben ein Autoklav (Abb. 126) nötig. Profis arbeiten auch mit einer Sterilbank anstelle einer Impfbox. Autoklaven bzw. große Schnellkochtöpfe und Sterilbänke sind ziemlich teuer in der Anschaffung. Deshalb lohnt sich diese Ausrüstung nur, wenn Sie Profianbauer oder zumindest ein sehr begeisterter Hobbyanbauer werden möchten bzw. sind.

Das Saubere Arbeiten wird hier wiederum gross geschrieben.

Pilzarten

Mit dieser Methode lassen sich auch Pilzarten anbauen, die bisher noch nicht erwähnt wurden. Dazu zählen beispielsweise Samtfußrübling, Südlicher Ackerling, Buchenpilz und Chinesisches Stockschwämmchen. Aber auch die bereits erwähnten Pilzarten wie die verschiedenen Seitlinge, Shiitake und Igelstachelbart werden im Profibetrieb teilweise so kultiviert.

Behälter

Für die Sterilisation des Substrats sind geeignete Behälter nötig. Das sind meist hitzebeständige Kunststoffbeutel mit einem eingebauten Filter, der Mikroorganismen darin hindert, in den Beutel zu gelangen, aber einen ausreichenden Luftaustausch gewährleistet. Diese Beutel werden (Mikro-) Filterbeutel genannt (Abb. 127), sie sind z.B. in Pilzshops erhältlich. Es gibt unterschiedliche Modelle. Ein häufiges

126 Autoklav.

127 Mikro-Filterbeutel.

Modell hat einen quadratischen Filter in der Mitte der Vorderseite des Beutels. Bedenken Sie, dass die mit Substrat gefüllten Filterbeutel dann in den Autoklaven bzw. Schnellkochtopf passen müssen.

Substratmischung erhitzen

Im professionellen Anbau werden dem Substrat, also z.B. den Sägespänen, vor der Sterilisation weitere Zutaten beigemengt, um den Ernteertrag zu erhöhen. Neben Gips und/oder Kalk wird oft noch Weizenkleie benutzt. Pilzanbauprofis haben für jeden Kulturstamm geeignete Rezepte. In dem empfehlenswerten Werk von Paul Stamets („Growing Gourmet and Medicinal Mushrooms", Ten Speed Press) führt der Autor eine Rezeptur auf, die er für den Anbau vieler Kulturpilze empfiehlt. Die verwendeten Sägespäne und Holzchips bestehen aus Roterlenholz *(Alnus rubra)*, vermutlich weil dort, wo der Autor lebt, diese Baumart leicht verfügbar ist. Bei uns wird wohl die Verwendung von Buchenholz *(Fagus sylvatica)* im Vordergrund stehen.

Substratrezept:

5,0 kg Sägespäne
2,5 kg Holzchips (1 - 10 cm)
2,0 kg Weizen-, Reis,- oder Haferkleie
0,25 - 0,35 kg Gips

Die Zutaten werden mit so viel Wasser vermengt, dass ein Feuchtigkeitsgehalt von 65 - 75% erreicht wird. 2,5 kg dieses Substrats werden dann in geeignete Filterbeutel gefüllt und etwas zusammengedrückt, damit die Luft entweicht. Nun können die oberen offenen Enden des Beutels so eingefaltet werden, dass der Filter unten liegt. Das Substrat wird danach für 2 bis 3 Stunden in einem Autoklaven oder großen Schnellkochtopf bei etwa 121°C sterilisiert.

Beimpfen des Substrats mit Pilzbrut

Nachdem das Substrat erkaltet ist, wird die gelockerte Pilzbrut (Herstellung siehe Kapitel 6) in einer Sterilbank (Abb. 128) in den Folienbeutel eingefüllt, der Beutel fest verschlossen und das Ganze gut durchgemischt. Bei diesen Arbeiten ist es wieder sehr wichtig, sauber zu arbeiten. Deshalb werden alle benötigten Utensilien, Sterilbank und Hände vorher desinfiziert.

Im Profianbau wird für gewöhnlich ein Pilzbrutanteil von nur 1-5 % des Feuchtgewichts des Substrats verwendet. Nachdem das Substrat gut mit der Pilzbrut vermischt wurde, wird der Ansatz beschriftet und zur Durchwachsphase aufgestellt.

128
Sauberes Arbeiten mit einer Sterilbank fällt nicht schwer.

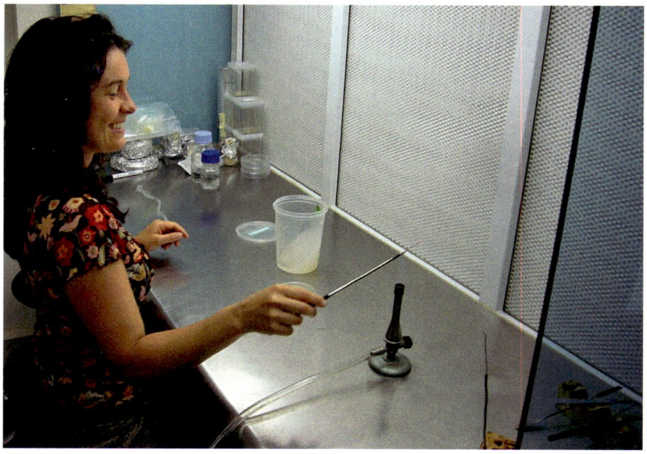

Durchwachsphase

Die Pilzkultur wird nun für einige Zeit zum Durchwachsen warm, sauber und nicht in direktem Sonnenlicht gelagert. Nach wenigen Tagen kann man bereits Myzelwachstum beobachten. Auch bei dieser Methode kann es passieren, dass sich Verunreinigungen einschleichen, deshalb sollen die Kulturen regelmäßig kontrolliert werden.

Die weitere Vorgehensweise ist ähnlich wie im Kapitel 8.1 unter „Fruchtkörperbildung" und danach unter „Ernte".

9 Pilzporträts

Wenn Sie Pilze anbauen, kann es vorkommen, dass sich auch andere Pilzarten auf dem Substrat ansiedeln. Darunter könnten sich auch Giftpilze befinden. Daher ist es sehr wichtig, dass Sie die Pilze, die Sie verzehren möchten, vorher eindeutig als Speisepilze bestimmt haben. Im Folgenden sind die am häufigsten vorkommenden giftigen oder ungenießbaren Doppelgänger zu den meisten kultivierbaren Pilzarten aufgeführt. Natürlich gibt es auch noch weitere Pilzarten, die den angebauten Pilzen ähnlich sehen können. Sind Sie unsicher, wenden Sie sich an eine(n) Pilzsachverständige(n) in Ihrer Nähe.

Außerdem noch ein Hinweis: Manche Menschen reagieren allergisch auf bestimmte Pilzarten oder vertragen sie nicht. Verzehren Sie deshalb – zumindest beim ersten Mal – nicht zu große Mengen auf einmal.

Obwohl ich auch andere Pilzarten anbaue, bilden Austernseitling, Riesenträuschling und Shiitake den Grundstock. Sie haben meines Erachtens die meisten Vorteile gegenüber den anderen kultivierbaren Pilzarten. Sie sind einfach anzubauen, bringen hohe Erträge, sind vielseitig einsetzbar und schmecken meiner Meinung nach sehr gut.

129
Austernseitlingsernte auf einer abgestorbenen Rotbuche.

Einfache Pilzarten für den Anbau draußen und drinnen

Austernseitling
Pleurotus ostreatus

Der Austernseitling ist bei uns heimisch und ein wohlschmeckender Winterpilz. Oft wächst er auf dicken, abgestorbenen Rotbuchen in einigen Metern Höhe (Abb. 129), er kommt aber auch auf anderen Laubbäumen vor.

Der Austernseitling bildet oft muschelförmige Fruchtkörper aus (Abb. 130). Der Stiel ist weißlich filzig und entspringt seitlich. Die bis zum Stiel hinabreichenden Lamellen auf der Hutunterseite sind weißlich gefärbt. Die Hutfarbe auf der Oberseite ist sehr variabel, geht aber oft ins grau-bräunliche. Die Fruchtkörper sind dickfleischig und fest, sie eignen sich daher gut als Fleischersatz. In Butter gebraten, mit ein wenig Salz und Pfeffer gewürzt, schmeckt der Pilz sehr lecker zu einem Stück Brot oder über Salat gestreut. In kleinere Streifen geschnitten, gibt er Suppen und Saucen eine bissfeste Einlage.

Austernseitlinge sind sehr gut für den Anbau im Haus und im Garten geeignet. Bedenken Sie aber, dass es verschiedene Kulturstämme vom Austernseitling gibt, die unterschiedliche Temperaturen bevorzugen. Deshalb klären Sie beim Kauf, welcher Kulturstamm für Ihre Verhältnisse am besten geeignet ist. Ich verwende für den Anbau draußen und drinnen

130
Frisch geerntete Fruchtkörper des Austernseitlings; der Hutrand ist noch etwas eingerollt.

den sogenannten „Ganzjahrestyp". Dieser Kulturstamm durchwächst sein Substrat gut bei 20 - 22°C. Für die Fruchtkörperbildung bevorzugt er Temperaturen zwischen 10 - 17°C. Diese Angaben entsprechen aber dem Optimum. Das heißt nicht, dass er darunter und darüber nicht wachsen kann. Auch bei den weiteren Pilzarten sind die Temperaturangaben als Richtwerte zu verstehen. Die optimale relative Luftfeuchtigkeit für die Fruchtkörperbildung für diesen Kulturstamm und auch für alle anderen Pilzarten in diesem Unterkapitel liegt bei 85%.

Drinnen wird der Austernseitling meist auf verschiedenen Substraten (ab Kapitel 8.1) wie Sägespänen, Kaffeesatz oder Strohpellets in Kunststoffbeuteln kultiviert. Das Substrat ist nach einigen Wochen durchwachsen, und es kann dann etwa 3 - 4 Mal geerntet werden (Abb. 131).

Auch der Anbau im Garten ist recht einfach. Austernseitlinge wachsen vor allem auf Laubhölzern, wobei die Rotbuche als sehr gut für den Anbau geeignet hervorzuheben ist. Nach einigen Monaten Durchwachszeit kann dann einige Jahre hindurch mehrmals im Jahr von dem Baumstamm geerntet werden (Abb. 132). Der Ganzjahrestyp bringt draußen den größten Ertrag im Herbst, aber auch im Frühling ist Erntezeit, wenn die Witterung stimmt. Eine detaillierte Anleitung für den Anbau auf Baumstämmen ist im Kapitel 6 zu finden. Eine schnellere Alternative zum Pilzanbau auf Baumstämmen sind Strohballen als Substrat (Kapitel 7). Hier ist die Durchwachsphase oft schon nach 8 Wochen abgeschlossen. Es kann dann mehrmals, aber nur eine Saison lang, geerntet werden.

Ein potenziell giftiger Doppelgänger des Austernseitlings ist der bei uns seltene Ohrförmige Weißseitling *(Pleurocybella porrigens)*, der auf Nadelholz wächst und in eher hohen Lagen zu finden ist. Dieser bildet weißliche und eher kleinere Fruchtkörper aus. Der Ohrförmige Weißseitling soll in Asien bereits zu Todesfällen bei nierengeschädigten Menschen geführt haben. Offenbar wurde er aber in unseren Breiten schon ohne Folgen verzehrt. Eine Kurzbeschreibung des Pilzes mit Bild ist im Internet unter www.tintling.com/pilzbuch/arten/p/Pleurocybella_porrigens.html zu finden. Verwechslungen sind auch mit dem Gelbstieligen Muschelseitling *(Panellus serotinus, syn. Sarcomyxa serotina)* (Abb. 133 und Abb. 134) möglich, der ebenfalls vor allem an Laubholz wächst, aber gelblich braune Töne in Lamellen und Stiel aufweist. Die Essbarkeit des Gelbstieligen Muschelseitlings ist umstritten, er wird von essbar bis giftig eingestuft.

131 Austernseitlinge auf Kaffeesatz im Gewächshaus.

132 Fruchtkörper des Austernseitlings auf einem Baumstamm im Garten.

131

132

133

134

133
Gelbstieliger Muschelseitling kurz nach einem Regenguss. Die Hutoberfläche ist dadurch schleimig feucht geworden.

134
Gelbstieliger Muschelseitling während einer eher trockenen Zeit.

Lungenseitling
Pleurotus pulmonarius

Das Aussehen des Lungenseitlings erinnert manchmal an Lungenflügel, deshalb wird er so genannt (Abb. 135). Ein weiterer Name ist Cremeweißer Seitling. Ansonsten ist er dem Austernseitling sehr ähnlich. Weitere Details siehe deshalb unter dem Abschnitt über den Austernseitling (S. 74). Ein gängiger Kulturstamm durchwächst das Substrat bei 20 - 22°C optimal und fruchtet gerne bei Temperaturen zwischen 15 - 18°C.

Zitronenseitling
Pleurotus citrinopileatus, syn. P. cornucopiae var. citrinopileatus

Der Zitronenseitling oder auch Limonenseitling (Abb. 136 und 137) hat, wie die Namen bereits andeuten, gelbe Hüte, der Rest ist weißlich. Mögliche Verwechslungen sind wiederum die gleichen wie schon beim Austernseitling aufgeführt, aber aufgrund der gelben Hutfarbe wohl unwahrscheinlich. Giftige, gelblich gefärbte Fruchtkörper bildet allerdings der Grünblättrige Schwefelkopf *(Hypholoma fasciculare)* (Abb. 138) aus. Hier ist aber der gesamte Fruchtkörper gelblich gefärbt. Wie auch der Austernseitling wächst der Zitronenseitling drinnen (Kapitel 8) und draußen (ab Kapitel 6) auf verschiedenen Substraten. Ein gängiger Kulturstamm durchwächst das Substrat gut bei 22 - 24°C und bildet Fruchtkörper am besten bei Temperaturen zwischen 17 und 22°C aus.

Rosenseitling
Pleurotus djamor, syn. P. salmoneostramineus

Der Rosenseitling wird auch Flamingoseitling genannt und ist durchweg rosa gefärbt (Abb. 139). Verwechslungsmöglichkeiten sind aufgrund der Farbe wohl unwahrscheinlich. Außerdem entwickelt er einen charakteristischen Geruch, den manche als unangenehm empfinden.

135
Überreife Fruchtkörper des Lungenseitlings auf Kaffeesatz in einem ausrangierten Kochtopf.

136

137

138

Der übliche Kulturstamm bevorzugt während der Durchwachsphase Temperaturen zwischen 20 - 22°C und vergleichsweise hohe Temperaturen für die Fruchtkörperbildung (etwa 18 - 28°C), deshalb lässt er sich gut drinnen (ab Kapitel 8) und draußen in der wärmeren Jahreshälfte auf Strohballen (Kapitel 7) anbauen (Abb. 140). Ein Nachteil bei diesem Kulturstamm ist, dass er bei „normaler“ Kühlschranktemperatur nicht für längere Zeit lagerfähig ist. Er benötigt eine Temperatur von ca. 10°C.

136 Zitronenseitling oder Limonenseitling auf Kaffeesatz im Kochtopf.

137 Zwei Zitronenseitlingsbüschel nach der Ernte.

138 Der Grünblättrige Schwefelkopf ist giftig und schmeckt sehr bitter.

139 Rosenseitling oder Rosa Seitling auf Strohpellets im Blumentopf. Foto Stefan Gmeiner

140 Rosenseitlinge auf Strohballen im Garten.

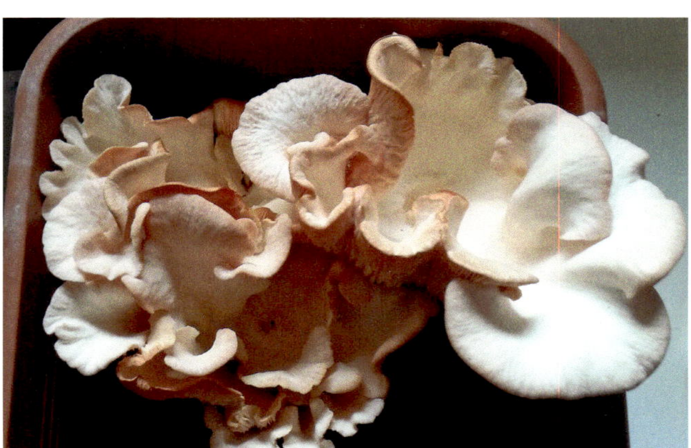

139

140

Shiitake
Lentinula edodes, syn. Lentinus edodes

Der Shiitake ist bei uns nicht heimisch, aber mittlerweile ein häufig angebotener, köstlicher Speisepilz. Er ist in Hut und Stiel gegliedert. Die Hutoberseite ist braun gefärbt und besitzt vor allem am Hutrand weißliche Schuppen. Bei jungen Pilzen ist die Hutunterseite durch ein Häutchen geschützt, das sich mit der Zeit abbaut (Abb. 142).

Shitakepilze sind in der Küche sehr vielseitig einsetzbar. Es wird häufig empfohlen, den Stiel nicht zu verzehren, weil er ziemlich fest ist. Das stört aber gewöhnlich nicht, wenn er sehr klein und fein geschnitten wird. Alternativ ist es möglich, die Stiele zu trocknen und dann Pilzpulver daraus herzustellen.

Der Shiitake ist für den Anbau in Haus und Garten gut geeignet, benötigt bis zur Ernte aber länger als die vorher beschriebenen Seitlinge. Im Haus baut man den Shiitake vor allem auf der Basis von Sägespänen in Kunststofftüten an (S. 60 ff.). Nach einigen Wochen ist das Substrat gut durchwachsen und weiß gefärbt. Dann beginnt die Phase des „Popcornings" (Abb. 141). Es bilden sich viele Ausbuchtungen auf der Oberfläche des Substrats. In dieser Zeit verfärbt sich das anfänglich weiße Myzel größtenteils braun. Nach 2 - 4 Monaten – oder noch länger – ist der Substratblock reif und bereit, Fruchtkörper zu bilden.

Eine detaillierte Anleitung für den Anbau im Garten ist auf den Seiten 46 ff. zu finden. Shiitakepilze gedeihen auf Laubhölzern wie Eiche, Buche und Birke. Nach der Beimpfung benötigen sie meist über ein Jahr, bis sich die ersten Fruchtkörper bilden. Im Gegensatz zu den anderen Pilzarten auf Holzstämmen, die nach der Durchwachszeit eingegraben werden, lehnt man die Shiitakestämme an einem Zaun o.ä. an. Die Kulturen können für die Fruchtkörperbildung auch aufgehängt werden (Abb. 143), um sie vor Schnecken zu schützen. Eine weitere Möglichkeit, um Schneckenschutz zu gewährleisten, besteht darin, die Fruchtkörper im Haus ausbilden zu lassen (Abb. 144). Dazu stellt man die Stämme in einen Blumentopfuntersetzer mit Wasser und stülpt für eine feuchte Umgebung einen transparenten Kunststoffbeutel locker über die Stämme.

Der große Vorteil dieser Pilzart ist, dass Sie die Pilzernte ein wenig steuern können. Wenn Sie demnächst Pilze ernten möchten, wässern Sie die Stämme ein bis

141

142

143

141
Die Phase des „Popcornings" bei der Shiitakekultur.

142
Frisch geerntete Shiitakefruchtkörper; der Hutrand ist noch etwas eingerollt.

143
Wenn die Shiitakestämme während der Fruchtkörperbildung aufgehängt werden, kommen die Schnecken nicht ran.

zwei Tage lang und schlagen Sie sie danach einige Male auf einen festen Untergrund, um die Fruchtkörperbildung anzuregen. Nach wenigen Tagen setzt die Fruchtkörperbildung ein. Werden die Shiitakestämme nicht so behandelt, bilden sich Fruchtkörper, wenn für sie günstige Bedingungen herrschen.

Auch beim Shiitake gibt es unterschiedliche Kulturstämme. Ein gängiger Kulturstamm für drinnen durchwächst das Substrat gut bei Temperaturen zwischen 20 - 23°C. Die Fruchtkörperbildung erfolgt optimal zwischen 16 - 18°C. Dann sind die Fruchtkörper nach 10 Tagen erntebereit. Ist es kühler, dauert es länger.

144 Shiitakefruchtkörper auf Baumstämmen im Blumentopfuntersetzer.

Es ist möglich, dass Menschen nach dem Verzehr dieses Pilzes eine sogenannte Shiitake-Dermatitis ausbilden. Dass sich eine solche Hautreaktion entwickelt, kommt nach dem Bundesinstitut für Risikobewertung in Deutschland aber nur sehr selten vor („Gesundheitliches Risiko von Shiitake-Pilzen", Bundesinstitut für Risikobewertung, 2004).

Giftige Pilzarten, die in einen Hut und Stiel gegliedert sind und auf Baumstämmen wachsen, sind beispielsweise der Gifthäubling *(Galerina marginata)* (Abb. 147) oder der Grünblättrige Schwefelkopf (Abb. 152). Diese sind jedoch meist nicht so kräftig gebaut und anders gefärbt.

Weitere Pilzarten für den Garten

Stockschwämmchen *Kuehneromyces mutabilis, syn. Pholiota mutabilis*

Das Stockschwämmchen ist eine aromatische, heimische Pilzart, das vor allem auf abgestorbenen Laubgehölzen und deren Stümpfen zu finden ist (Abb. 145). Die Fruchtkörper wachsen meist in Büscheln und haben unterschiedliche Brauntönungen (Abb. 146). Sie erscheinen meist im Herbst, können aber auch ganzjährig auftreten, wenn die Bedingungen stimmen.

Empfehlenswert ist der Anbau im Garten auf Harthölzern wie Rotbuche, aber auch andere Hölzer wie z.B. Birke sind geeignet. Der Anbau erfolgt wie bei den Seitlingen und ist ab S. 25 beschrieben. Erwähnenswert ist, dass Pilzmyzelien Weichhölzer wie Birke schneller durchwachsen als Harthölzer. Folglich kann auch eher mit Fruchtkörpern gerechnet werden. Im Vergleich zu Hartholz bringen Weichhölzer allerdings weniger Ertrag.

Das Stockschwämmchen hat einen tödlich-giftigen Doppelgänger, den Gifthäubling (Abb. 147). Als einziges makroskopisch (mit bloßem Auge erkennbar) sicheres Unterscheidungskriterium gilt die Stielstruktur. Sie ist beim Stockschwämmchen geschuppt, das heißt, kleine Stückchen stehen vom Stiel ab (Abb. 148).

Der Stiel des Gifthäublings ist hingegen weißlich längs gefasert (Abb. 149). Um

145

146

145: Stockschwämmchen auf Baumstumpf in seiner natürlichen Umgebung.

146: Stockschwämmchen haben, wenn sie noch jung sind, ein die Lamellen schützendes Häutchen, welches später als Ring am Stiel zu sehen ist.

147: Der Gifthäubling wächst auch auf Laubholz und kann leicht mit dem Stockschwämmchen verwechselt werden. Foto Wolfgang Bivour

148: Der Stiel des Stockschwämmchens ist geschuppt.

149: Beim Stiel des Gifthäublings stehen keine Schuppen ab, er ist stattdessen weißlich überfasert. Foto Wolfgang Bivour

den Stiel auf dieses Merkmal hin untersuchen zu können, ist es wichtig, ihn bei der Ernte am untersten Ende anzufassen, damit die Stielstruktur gut erhalten bleibt.

147

Samtfußrübling
Flammulina velutipes, syn. Collybia velutipes

Der Samtfußrübling, auch Enoki genannt, ist ein heimischer Winterpilz (Abb. 150). Da um diese Jahreszeit bei uns sonst nur wenige essbare Pilzarten zu finden sind, wird er von Pilzsammlern geschätzt. Er wächst meist in Büscheln an lebendem und totem Laubholz. Wie der Name schon andeutet, besitzt er einen samtigen Stiel (Abb. 151). Ein weiteres Erkennungsmerkmal ist die oft klebrige, gelblich-braune Huthaut.

Möchten Sie den Samtfußrübling im Garten kultivieren, verwenden Sie am besten Weidenstämme dafür. Der Anbau entspricht dem von Seitlingen ab S. 25.

Giftige Doppelgänger, die an Holz wachsen, könnten der Gifthäubling (Abb. 147) oder der Grünblättrige Schwefelkopf (Abb. 152) sein, die aber beide keinen samtartigen Stiel aufweisen.

148

149

150

151

150: Der Samtfußrübling bringt im Winter Fruchtkörper hervor.

151: Wie der Name andeutet, besitzt der Samtfußrübling einen samtigen Stiel.

152: Ein giftiger Doppelgänger des Samtfußrüblings ist der Grünblättrige Schwefelkopf, der ebenfalls in milden Wintern auftreten kann.

152

Tabelle 3: Weitere heimische Pilzarten, die auf Baumstämmen gedeihen.

Deutscher Name	Wissenschaftlicher Name	Weitere Namen	Baumart u.a.
Ästiger Stachelbart (Abb. 153)	*Hericium coralloides*	Friseepilz	Buche
Glänzender Lackporling (Abb. 154)	*Ganoderma lucidum*	Reishi	Eiche, Buche
Graublättr. Schwefelkopf (Abb. 155 und 156)	*Hypholoma capnoides*		Fichte, Kiefer
Igelstachelbart (Abb. 157)	*Hericium erinaceus*	Pompom blanc	Eiche, Buche
Judasohr (Abb. 158)	*Auricularia auricula-judae*		Holunder

Riesenträuschling oder Kulturträuschling
Stropharia rugosoannulata

Außer auf Strohballen (Anleitung ab S. 50) wächst diese Pilzart auch auf Holzhäcksel (ab S. 53).

Der Riesenträuschling ist in Hut und Stiel gegliedert. Die Hutoberfläche ist meist rotbraun gefärbt. Die Lamellen auf der Hutunterseite sind grauviolett. Charakteristisch für diese Pilzart ist der weißliche Ring, der auf der Unterseite bei jungen Exemplaren eine „gezackte“ Struktur aufweist (Abb. 159).

Als nicht genießbarer, womöglich giftiger Doppelgänger kommt der Üppige Träuschling *(Stropharia hornemannii)* in Betracht, der aber auf seinem Stiel Schuppen trägt und bei uns sehr selten vorkommt.

Einige unglückliche Pilzenthusiasten vertragen den Riesenträuschling nicht; er verursacht bei ihnen Magen-Darm-Probleme.

153

154

155

153: Ästiger Stachelbart auf alter abgestorbener Buche.

154: Der Glänzende Lackporling gilt als Heilpilz, der meist in Pulverform aufgenommen wird. Als Speisepilz ist er nicht geeignet.

155: Graublättriger Schwefelkopf.

156: Links der giftige Grünblättrige Schwefelkopf, rechts der schmackhafte Graublättrige Schwefelkopf.

156

157

158

159

157: Der Igelstachelbart kommt bei uns ziemlich selten vor. Foto Wolfgang Bivour

158: Judasohr.

159 Riesenträuschlinge. Foto Wolfgang Bivour

160
Die braune Variante des Zuchtchampignons.

161
Kräuterseitling.

Fertigkulturen

Zuchtchampignon
Agaricus bisporus

Einfach ist der Anbau von Champignons mit den käuflichen Fertigkulturen. Hier müssen Sie nur die mitgelieferte Erde auf das durchwachsene Substrat geben und das Ganze dann feucht und kühl halten. Nach einiger Zeit sprießen die ersten Pilze (Abb. 160).

Kräuterseitling *Pleurotus eryngii*

Der Kräuterseitling (Abb. 161) ist ein schmackhafter Speisepilz, der im Gegensatz zu anderen Seitlingen wild nicht an Bäumen zu finden ist. Er wächst auf den Wurzeln krautiger Pflanzen, deshalb ist er wohl nicht dafür geeignet, direkt auf Baumstämmen oder Strohballen im Garten angebaut zu werden. Es ist aber möglich, ihn in Substratmischungen auf der Basis von Sägespänen oder Stroh in Kunststoffbeuteln zu kultivieren. Sein Anbau ist nicht so einfach wie der seiner nahen Verwandten. Wenn Sie eine Fertigkultur erwerben möchten, bedenken Sie, dass ein häufiger Kulturstamm des Kräuterseitlings seine Fruchtkörper am besten bei kühlen Temperaturen (12-15°C) und hoher Luftfeuchtigkeit (95-97%) ausbildet.

Pilzarten für Ansiedelungsversuche im Garten

Schopftintling
Coprinus comatus

Der Schopftintling (Abb. 162) ist eine leckere Pilzart, die vielleicht bereits in Ihrem Garten vorkommt, wenn Sie dort einen passenden Standort haben. Er wächst gerne auf grasigen, nährstoffreichen Stellen in Gärten, Parks und Wegrändern. Seine Haupterscheinungszeit ist im Herbst, er kann aber auch schon vorher auftreten, wenn die Bedingungen stimmen. Schopftintlinge kommen oft in Gruppen vor, sie bilden weißliche, jung walzenförmige Fruchtkörper aus, die geschuppt sind. Die Fruchtkörper sind sehr vergänglich und zerfließen nach kurzer Zeit zu einer tintenartigen Flüssigkeit.

Es gibt vom Schopftintling Fertigkulturen zu kaufen. Nach dem Auspacken wird der ganze Block im Garten vergraben. Fühlt er sich dort wohl, kann er sich sogar dauerhaft ansiedeln und immer wieder für Ernten sorgen. Bei dieser Methode ist es aber auch möglich, dass sich das Myzel im Boden nicht etablieren kann. Verwechselt werden könnte der Schopftintling mit dem Faltentintling (Coprinopsis atramentaria, syn. Coprinus atramentarius) (Abb. 163). Dieser hat nicht so ausgeprägte Schuppen auf dem Hut und ist genießbar, führt aber in Verbindung mit Alkohol zu einer Vergiftung.

Rötelritterlinge *(Lepista)*

Der Violette Rötelritterling *(Lepista nuda)* (Abb. 164), eine bei uns häufig vorkommende Pilzart, ist vor allem im Spätherbst in Laub- und Nadelstreu, aber auch an grasigen Stellen zu finden. Wie der Name andeutet, ist er meist durchweg violett gefärbt. Er hat einen sehr typischen, etwas süßlichen Geruch, was in der Pilzsprache als parfümiert bezeichnet wird. Der Violette Rötelritterling und sein kleinerer Verwandter, der Schmutzige Rötelritterling *(Lepista sordida)* (Abb. 165) siedeln sich gerne in Gärten an. In meinem Garten z.B. wächst der Schmutzige Rötelritterling unter dem Walnussbaum dort, wo im Herbst das Laub des Baumes liegen bleibt. Auch ist er zwischen den Beerensträuchern zu finden, die jährlich Mulch aus Laub, Heckenschnitt und einem Gras/Moos Gemisch erhalten.

Verwechslungen sind z.B. mit der Nebelkappe *(Clitocybe nebularis, syn. Lepista nebularis)* (Abb. 166) möglich, die ebenfalls süßlich riecht und eine ähnliche Gestalt hat, aber grau gefärbt ist.

Riesenschirmling
Macrolepiota procera

Der Riesenschirmling oder Parasol (Abb. 167) ist ein beliebter und häufiger Speisepilz. Ausgezeichnet schmecken die Pilze paniert wie Schnitzel zubereitet. Der Stiel wird gewöhnlich nicht mitverzehrt. Er lässt sich aber gut trocknen und kann

162

163

162 Schopftintling.

163 In Verbindung mit Alkohol giftiger Doppelgänger des Schopftintlings: der Faltentintling.

164

164 Violetter Rötelritterling.

165 Schmutziger Rötelritterling.

166 Nebelkappe.

165

166

167

168

169

167: Jung erinnert der Riesenschirmling an einen Paukenschlägel.

168: Der genatterte Stiel ist ein gutes Unterscheidungsmerkmal zwischen Parasol und Gift-Riesenschirmling.

169: Der Gift-Riesenschirmling.

170: Spitzmorchel.

171: Speisemorchel.

170

171

zu Pulver zerstoßen als Gewürz für Suppen und Saucen verwendet werden.

Als gutes Erkennungsmerkmal dient der Stiel, der ein „gezacktes" Muster aufweist, was in der Pilzsprache als genattert bezeichnet wird (Abb. 168). Des Weiteren besitzt er Schuppen auf der Hutoberseite und einen Ring am Stiel, der verschiebbar ist. Jung sehen die Fruchtkörper aus wie Paukenschlägel. Der Riesenschirmling tritt in Gärten, Parks, Wiesen, und Waldlichtungen vor allem von Juli bis in den November auf.

Es gibt Pilzbrut, aber auch Fertigkulturen von ihm zu kaufen. Die Fertigkultur wird einfach im Garten vergraben. Wenn der Riesenschirmling an diesem Standort alles findet, was er braucht, ist es möglich, dass er sich dauerhaft in Ihrem Garten ansiedelt. Es kann aber auch passieren, dass die Kultur im Boden abstirbt.

Als giftiger Doppelgänger ist der Gift-Riesenschirmling *(Chlorophyllum brunneum, syn. Macrolepiota venenata)* zu nennen, der aber nie eine Natterung auf seinem Stiel aufweist, sondern einheitlich weißlich ist (Abb. 169) und sich rötlich verfärbt, wenn man ihn verletzt. Er hat noch weitere Bezeichnungen wie Garten-Riesenschirmling oder Gift-Safranschirmling.

Morcheln *(Morchella)*

Die Spitzmorchel *(Morchella elata, syn. M. conica)* (Abb. 170) und die Speisemorchel *(Morchella esculenta)* (Abb. 171) gelten als Delikatessen unter den Speisepilzen. Meist verwendet man die getrockneten Fruchtkörper, die es auch in Lebensmittelgeschäften teuer zu kaufen gibt. Daraus werden dann Suppen oder Saucen hergestellt; eine Morchel-Sahne-Sauce auf Pasta schmeckt ausgezeichnet.

Bei uns sind sie typische Frühlingspilze und erscheinen meist im April. Die Hüte der Morchel haben eine wabenartige Struktur und sind innen hohl. Der klassische Doppelgänger, die Giftlorchel *(Gyromitra esculenta, syn. Helvella esculenta)*, hat hingegen als Hut eine hirnartige Struktur und wächst vor allem im Kiefernwald (Abb. 172).

Die Spitzmorchel kann an Stellen in Gärten auftreten, die mit Rindenmulch bedeckt sind. Meist tritt sie im ersten Frühling auf, nachdem Rindenmulch aufgebracht wurde. Auch in den Folgejahren kann noch mit Fruchtkörpern gerechnet werden.

Die Speisemorchel bevorzugt humusreiche, feuchte und kalkhaltige Böden, was aber nicht heißt, dass sie sonst nirgends zu finden ist. In meinem Garten z.B. ist der Boden sandig, eher trocken und im leicht sauren Bereich und trotzdem wächst sie hier ab und an.

Nach Waldbränden kann ein Massenvorkommen von Morcheln auftreten. Meist ist das Auftreten im ersten Frühling nach dem Brand am größten. In den Folgejahren vermindert sich dann das Auftreten, bis die Fruchtköper schließlich komplett ausbleiben.

Vorübergehende Beschwerden können bei beiden Morchelarten auftreten, sind aber selten.

Mykorrhizapilze: Trüffeln *(Tuber)*, Steinpilz *(Boletus edulis)* und Pfifferling *(Cantharellus cibarius)*

Viele beliebte Speisepilze sind sogenannte Mykorrhizapilze. Dabei handelt es sich um Pilzarten, die in enger Lebensgemeinschaft mit Bäumen bzw. mit deren Wurzelgeflecht leben. Es ist bisher nicht gelungen, diese Pilzarten ohne Baumpartner im großen Maßstab anzubauen. Es gibt aber Plantagen, in denen bestimmte Baumarten mit ihren Trüffelpartnern gedeihen und beerntet werden.

Mehrere Firmen bieten mittlerweile junge „Trüffelbäumchen“ zum Kauf an. Wenn alles gutgeht, kann nach einigen Jahren mit der ersten Ernte gerechnet werden.

Steinpilze (Abb. 173) und Pfifferlinge (Abb. 174) könnten zukünftig vielleicht ebenfalls auf diese Weise kultiviert werden. Der Wunsch, diese schmackhaften Pilzarten mit einfachen Mitteln anzubauen, bleibt uns Menschen bisher allerdings verwehrt.

172

173

174

172 Giftlorchel.

173 Steinpilz.

174 Pfifferling.

10 Fallstricke und Schädlinge

Bei einigen Kapiteln bin ich schon darauf eingegangen, was bei den einzelnen Schritten im Pilzanbau schief gehen kann. Hier erhalten Sie eine Zusammenfassung mit den wichtigsten Punkten, wie sich Misserfolge vermeiden lassen.

Neben diversen Schädlingen, die später erläutert werden, ist es wichtig, die richtigen Wachstumsbedingungen für die Pilze zu gewährleisten. Zuerst gilt es zu erkunden, auf welchem Substrat der gewünschte Pilz wachsen kann. Einfach anzubauende Pilzarten gedeihen auf Holz. Aber nicht jede Baumart ist für jede Pilzart verwendbar. Häufig wird Rotbuche in Form von Baumstämmen oder Sägespänen eingesetzt.

Wenn sich das Myzel im Substrat ausbreitet, braucht es genügend Feuchtigkeit. Ein Feuchtigkeitsgehalt des Substrates von etwa 60% kann für viele Pilzarten als Richtwert angesehen werden.

Auch die Temperatur spielt eine große Rolle. Die meisten Myzelien wachsen bei über 30°C nicht gut. Aber auch bei niedrigen Temperaturen erfolgt das Wachstum nur zaghaft. Jeder Kulturstamm hat sein Temperaturoptimum. Zudem nehmen Pilze Sauerstoff auf und geben CO_2 ab. Deshalb sollten die Behälter für den Pilzanbau eine Möglichkeit zum Luftaustausch bieten.

Für eine optimale Fruchtkörperausbildung ist dann auch noch eine hohe Luftfeuchtigkeit und Licht (nicht immer) nötig.

175
Kontaminierte Reinkultur, die entsorgt werden muss.

176
Schimmelpilz in der Pilzkultur.

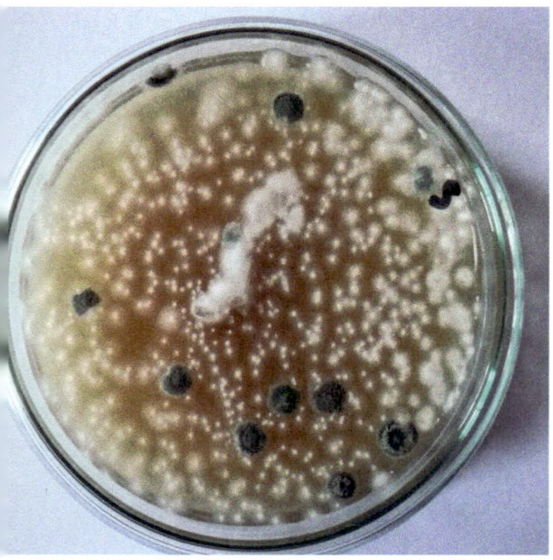
175

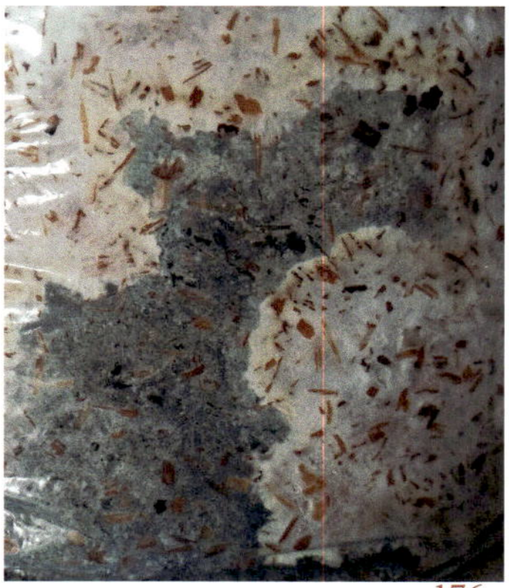
176

Kontaminationen in Reinkultur und Pilzbrut

Mikroorganismen können bei unsauberer Arbeitsweise die Nahrung des gewünschten Pilzes besiedeln. Während das Myzel der meisten Kulturpilze weißlich gefärbt ist und angenehm riecht, können die ungebetenen Gäste mit sehr unterschiedlichen Verfärbungen und Gerüchen erscheinen. Bei den bei mir auftretenden Kontaminationen handelt es sich meist um einen grünlich gefärbten Schimmelpilz (Abb. 175 und 176).

Befindet sich in der Reinkultur nur eine kleine Kontamination, die sich meist als rundliches Gebilde auf dem Nährboden zeigt, kann sie unter sauberen Bedingungen herausgeschnitten werden. Haben sich im Falle eines Schimmelpilzes aber bereits die Sporen überall verteilt, muss die Reinkultur am besten im Freien entsorgt werden, damit sich die Schimmelsporen nicht in Innenräumen ausbreiten.

Anders als bei der Reinkultur ist es bei der Pilzbrut nur schwer möglich, eine Verunreinigung zu entfernen. Deshalb ist es empfehlenswert, die kontaminierte Pilzbrut zu entsorgen. Erkennbar sind Verunreinigungen in der Pilzbrut beispielsweise durch Verfärbungen, unangenehme Gerüche oder auch am Wachstumsstop des Myzels.

Die beste Maßnahme gegen Verunreinigungen ist eine saubere und sorgfältige Arbeitsweise (siehe Kapitel 5). Desinfizieren Sie Ihre Hände, Arbeitsflächen und Utensilien ausreichend mit einem Desinfektionsmittel. Achten Sie außerdem auf die Einhaltung der Sterilisationszeit von der Pilznahrung. Öffnen Sie die Petrischalen oder Schraubgläser bei der Übertragung von Myzel nur so lange wie nötig und arbeiten Sie schnell und sorgfältig. So sind das Myzel und das Substrat der Umgebung und möglicherweise schädlichen Mikroorganismen so kurz wie möglich ausgesetzt.

Widersacher bei Pilzkulturen im Haus

Schimmel und Co.

Entdeckt man in der Pilzkultur auf Basis von Sägespänen, Kaffeesatz oder Strohpellets im Kunststoffbeutel während der Durchwachsphase vereinzelt kleine kontaminierte Stellen, werden diese meist von dem gewünschten Pilz überwachsen. Wenn möglich, kann man die Stelle auch großzügig – am besten im Freien – entfernen. Sind größere Teile befallen, muss die Kultur entsorgt werden.

Manchmal entwickelt sich auch während der Fruchtkörperbildung Schimmel auf der Oberfläche des Substrats. Kleinere Stellen können weggeschnitten werden. Wenn die Pilzkultur großflächig schimmelt, wird sie entsorgt. Es kann auch sein, dass sich Mikroorganismen auf dem heranwachsenden Fruchtkörper ausbreiten. Beim Austernseitling ist eine häufiger bakterieller Befall erkennbar, bei dem sich ein unangenehmer Geruch ausbreitet, sich eine teilweise bis komplette bräunliche Verfärbung der Fruchtkörper zeigt und diese schließlich verkümmern. Sorgen Sie deshalb für eine ausreichende Belüftung im Gewächshaus und achten Sie darauf, dass die Luftfeuchtigkeit nicht zu hoch ist. Eine weitere Maßnahme ist wieder einmal die Sauberkeit. Reinigen Sie daher das Gewächshaus regelmäßig.

Trauermücken

Trauermücken sind kleine schwarze Mücken (Abb. 177), die Sie vielleicht bereits in Ihrem Wohnzimmer beherbergen, wenn Sie Zimmerpflanzen besitzen. Daher ist es sinnvoll, die Pilzkultur möglichst nicht in der Nähe solcher Pflanzen aufzustellen. Die Weibchen legen ihre Eier in die Erde der Topfpflanzen und ebenso gerne auch in eine Pilzkultur. Die Larven (Abb. 178) schlüpfen nach einigen Tagen und machen sich über das Myzel her. Wenn sich sehr viele Larven in der Pilzkultur befinden, bekommt die Pilzkultur nach einiger Zeit ein breiartiges Aussehen und muss entsorgt werden.

177
Ausgewachsene Trauermücke.

178
Trauermückenlarven.

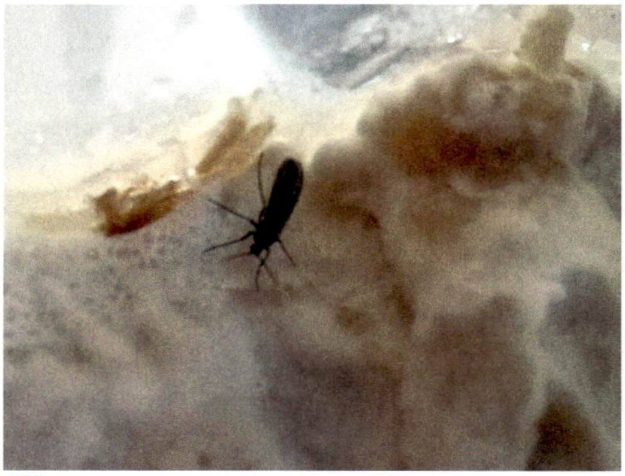
177

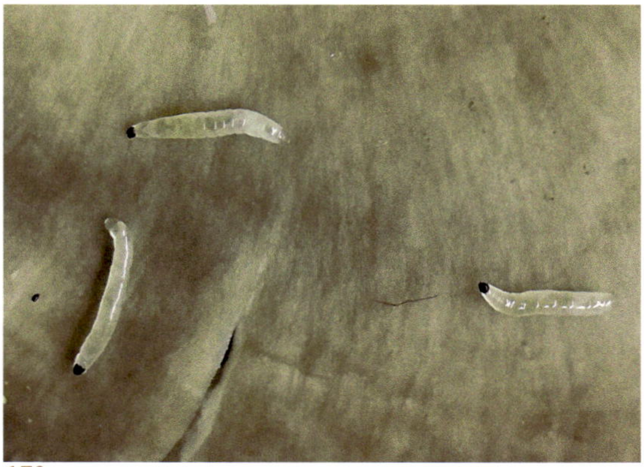
178

179
Fleischfressende Pflanzen, hier im Bild: Pinguicula gigantea x moctezumae, locken u.a. Trauermücken an und fressen sie dann.

180
Giftige Grünblättrige Schwefelköpfe auf Baumstamm, der mit einem Austernseitling beimpft wurde.

Die ausgewachsenen Mücken können mit dem Staubsauger entfernt werden. Zusätzlich helfen auch Gelbtafeln (Insektenlocktafeln), auf denen die Mücken kleben bleiben. Ich experimentiere zusätzlich mit fleischfressenden Pflanzen (Abb. 179). Das abgebildete Ausdauernde Fettkraut wurde ausgewählt, weil es große Blätter ausbildet. Nach einem Jahr Beobachtung der Pflanzen bin ich sehr zufrieden. Sie stehen an einem Ostfenster in der Nähe der Pilzkulturen und werden etwa einmal wöchentlich mit Regenwasser gegossen. Einige Monate Fastenzeit ohne „Mückenfutter" wurden gut überstanden. Und sollte eine Mücke vor meiner Nase tanzen, wird sie einfach mit den Händen erschlagen. Sie sind recht träge und deshalb leicht zu erwischen.

181
Shiitakefruchtkörper mit Fressfeind: eine Nacktschnecke.

Schädlinge bei Pilzkulturen im Garten

Unerwünschte Pilzarten

Auf den beimpften Baumstämmen, Holzhäcksel oder Strohballen können sich weitere Pilzarten ansiedeln, die auch Fruchtkörper ausbilden (Abb. 180). Diese Pilzarten ernähren sich natürlich ebenfalls vom Substrat, was zu Ertragseinbußen führen kann. Ansonsten sind sie aber nicht weiter störend, außer Sie wollen solche Pilze verzehren und es stellt sich heraus, dass es sich um Giftpilze handelt. Deshalb ist es wichtig, nur solche Pilze zu verwenden, die Sie zuvor eindeutig als essbar identifiziert haben. Um unerwünschte Pilzarten fernzuhalten, sollte auf ein gesundes Ausgangssubstrat geachtet werden.

Komplett verhindern lässt sich ein Fremdpilzbefall bei dieser naturnahen Anbaumethode allerdings nicht, weil sich in der Umgebung Pilzsporen befinden, die nur darauf warten, ein geeignetes Substrat zu besiedeln.

Schnecken

Im Garten fressen vor allem Nacktschnecken an den Fruchtkörpern (Abb. 181). Um sie zu beseitigen, gibt es viele Empfehlungen, die Sie bestimmt schon kennen. Meine Lösung ist das Absammeln der Schnecken. Dazu gehe ich abends in der Dämmerung durch den Garten, mit einem Handschuh gegen Schneckenschleim geschützt, und sammle die Schnecken ein. Natürlich finde ich nicht alle und es kommt deshalb zu Ernteausfällen oder zu Fraßschäden an den Fruchtkörpern. Eine wertvolle Beobachtung meiner Mutter: Die Schnecken verstecken sich tagsüber gerne in der direkten Umgebung der Pilzkulturen. Vermutlich, weil sie dann keine weite Anreise zum Festmahl in Kauf nehmen müssen. Deshalb nehme ich den Bereich um die Pilzkulturen besonders genau unter die Lupe. Ein guter Schneckenschutz, zumindest für die Shiitakestämme besteht darin, diese aufzuhängen. Auf S. 48 ist eine schöne Konstruktion dafür abgebildet.

11 Erfahrungen eines Pilz-Selbstversorgers

Mit dem folgenden Interview möchte ich noch authentische Erfahrungen eines anderen Praktikers vermitteln. Der Pilzenthusiast Stefan Gmeiner (Abb. 182) baut in Werder (Havel) seit 2016 hobbymäßig in seinem 1.500 m² großen Garten Pilze für den eigenen Bedarf an.

Stefan, wie kamst Du auf die Idee, einen Speisepilzgarten anzulegen?

Ich interessiere mich seit langem für Pilze, bin gerne in der Natur unterwegs, um Pilze zu suchen, und natürlich esse ich auch sehr gerne Pilze. Denn Pilze sind schmackhaft und sättigen auf eine angenehme Weise. Früher beschränkte ich mich darauf, Wildpilze zu sammeln. Da diese aber vor allem im Herbst gut zu finden sind, und dann auch nur, wenn die Witterung stimmt, kam ich auf den Gedanken, die Erntephasen durch einen eigenen Pilzgarten auszudehnen bzw. überhaupt zu ermöglichen.

Wie hast Du dich kundig gemacht?

Ich habe im Internet gestöbert und mir einige Bücher über Pilzanbau zugelegt. Bücher mit vielen Fotos finde ich besonders wertvoll, da sie dadurch anschaulich und leicht verständlich werden. Außerdem habe ich einen Pilzgarten besucht, an einem Seminar über Pilzanbau teilgenommen und mich mit Pilzkundlern unterhalten. Mein Einstieg in die Praxis war allerdings holprig. Neben ersten Erfolgen gab es manche Rückschläge. Aber ich habe nicht aufgegeben. Mittlerweile habe ich den Dreh einigermaßen heraus.

An welcher Stelle in Deinem Garten hast Du Pilzkulturen angelegt?

Für die Anlage des Pilzgartens, der ca. 30 m² beansprucht, habe ich mir die schattigste Ecke ausgesucht. Sie liegt hinter einem Schuppen unter großen Bäumen und ist von einer Seite mit einer hohen Hecke begrenzt (Abb. 183).

Welche Arbeiten sind erforderlich, um einen Pilzgarten anzulegen?

Ich habe mich vor allem auf den Pilzanbau auf Baumstämmen konzentriert. Zuerst muss man sich das Holz beschaffen. Die Laubholzstämme konnte ich aus einem Wintereinschnitt von einer Försterei erwerben. Die Wahl der Holzart ist abhängig von der Art des Pilzes, der kultiviert werden soll. Shiitake baue ich auf Eichen- und Buchenstämmen an, Samtfußrüblinge mögen Weidenholz, Judasohren bevorzugen Holunder und für Seitlinge ist Buchenholz die erste Wahl. Das harte Buchenholz ist sehr nachhaltig und beschert über mehrere Jahre Ernten.

Die Pilzbrut habe ich online bei einem Fachgeschäft in der Form von Impfdübeln bestellt. Für einen Holzstamm von 1 m Länge und 15 cm ø benötigt man ca. 20 Impfdübel. Das Wässern, Beimpfen und Eintüten von einer größeren Menge an Stämmen dauert ein paar Tage. Die meisten Stämme habe ich dann einige Monate in meinem Wirtschaftsraum bei

182
Stefan Gmeiner in seinem Pilzgarten vor den Shiitake Stämmen.
Foto: Regine Gmeiner

183
Der Pilzgarten von Stefan Gmeiner liegt schattig und windgeschützt.
Foto Stefan Gmeiner

184

185

184: Im Vordergrund hängen Austernseitlinge auf Strohpellets in Kunststoffbeuteln. Im Hintergrund sind Shiitakestämme zu sehen. Die Pilzkulturen wurden zum Schutz vor Schnecken aufgehängt.

185: Erntebereite Austernseitlinge auf Baumstämmen.

186: Zitronenseitlinge auf Baumstamm. Alle Fotos: Stefan Gmeiner

186

etwa 20°C gelagert. Danach wurden die Stämme in den Garten gepflanzt bzw. angelehnt und aufgehängt.

Warum baust Du Deine Pilze hauptsächlich auf Holzstämmen an?

Weil ich dadurch mehrere Jahre ernten kann. Ich habe auch Versuche mit Strohpellets und Kaffeesatz gemacht, da kann man innerhalb weniger Monate nur 3 - 4 mal ernten. Dann ist das Substrat aufgebraucht (Abb. 184). Auf Baumstämmen dauert es bis zur ersten Ernte zwar länger, dafür ist die Erntezeit bedeutend ausgedehnter.

Welche Pilzarten kultivierst du in deinem Pilzgarten?

Der Austernseitling hat sich als „dankbarer" Einsteigerpilz gezeigt und mir reiche Ernten beschert. Auch Shiitake, Ulmenseitling, Zitronenseitling (Abb. 186) und Samtfußrübling (Abb. 187) baue ich mit Erfolg an. Andere Arten haben nicht so gut funktioniert oder zeigen sich vielleicht noch – wer weiß. Wenn ich etwas gelernt habe, dann, dass man die Baumstämme nicht so schnell aufgeben soll. Wenn die Bedingungen nicht so gut sind, etwa wenn niedrige Temperaturen vorherrschen, brauchen die Pilze einfach länger, bis sie sich im Holz ausgebreitet haben. Das kann auch schon mal zwei Jahre dauern.

Wie viele Hölzer mit Pilzen hast Du in etwa in deinem Pilzgarten?

Ich habe ca. 140 Baumstämme unterschiedlichster Größe im Garten (Abb. 188). Die Stämme haben einen Durchmesser von 10 bis 50 cm und sind 35 bis 110 cm lang. Der Abstand zwischen den Stämmen sollte so groß sein, dass man die Pilze bequem abernten kann, 20 cm ist mein Richtwert.

Wie oft erntest Du?

Letztes Jahr dauerte die Haupterntezeit vom Spätsommer bis in den Winter hinein. Da habe ich 1-2 Mal in der Woche ernten können. Das war so viel, dass wir nicht alle Pilze frisch essen konnten. Den Ernteüberschuss habe ich eingefroren oder getrocknet. Im Winter konnte ich dann Samtfußrüblinge ernten. Ich schätze, dass der Gesamtjahresertrag an Pilzen zwischen 30 und 40 kg liegt.

Was bedeuten die Kabelbinder an Deinen Stämmen?

Die bunten Kabelbinder (Abb. 189) zeigen mir, welche Pilzart angesiedelt wurde. Austernseitling ist zum Beispiel durch roten Kabelbinder, Shiitake durch blauen und der Zitronenseitling ist durch einen gelben Binder ausgewiesen. An die bunten Kabelbinder hänge ich für jede Ernte einen weißen Binder. So kann ich leicht die Stämme, die keine Fruchtkörper ausbilden, aussondern und gegen neue austauschen. Außerdem weiß ich dann, wie viele Ernten ich pro Stamm hatte.

Welche Pflegemaßnahmen sind in Deinem Pilzgarten erforderlich?

Ist der Pilzgarten einmal angelegt, ist erstmal für einige Jahre nicht mehr viel zu tun. Wässern (Abb. 190), ernten und Schneckenbekämpfung sind die vorrangigen Arbeiten. Es ist kein Problem, den Pilzgarten für einige Wochen sich selbst zu überlassen. Das ist dann wie in der Natur. Bei fehlender Feuchtigkeit wachsen die Pilze nicht. Regnet es ausreichend wachsen die Pilze.

Was tust Du, um Schnecken von Deinen Pilzen fernzuhalten?

Ich habe sehr viel ausprobiert, um die Schnecken zu beseitigen. Von Bierfallen, über Absammeln bis zu einem Schneckenzaun. Leider hat das alles nur sehr wenig geholfen. Schneckenkorn ist das einzige, was bei mir einigermaßen zuverlässig hilft. Die Shiitakehölzer habe ich während der Fruchtkörperentwicklung aufgehängt. Da sind die Schnecken bisher nicht hingekommen (Abb. 191).

Was sind Deine Pläne in nächster Zeit?

Ich möchte gerne noch weitere Pilzarten, wie den Riesenträuschling oder das Stockschwämmchen in meinem Garten anbauen. Mein Ziel ist es, dass ich über das ganze Jahr verteilt immer wieder frische, leckere Pilze ernten kann.

187

188

189

190

191

187: Samtfußrüblinge fruchten in der kalten Jahreshälfte.

188: Der gesamte Pilzgarten mit über 100 beimpften Stämmen.

189: Die Kabelbinder zeigen Pilzart und Anzahl der Ernten an.

190: Für die Bewässerung wird u.a. ein Wassersprinkler verwendet.

191: Aufgehängt sind Shiitakestämme schneckensicher.
Fotos: Stefan Gmeiner

12 Inhaltsstoffe, Zubereitung und Konservierung von Pilzen

Inhaltsstoffe

Pilze bestehen größtenteils aus Wasser, gefolgt von Kohlenhydraten, Eiweiß und schließlich Fett. Der große Wasseranteil und der geringe Fettgehalt machen Pilze zu einem kalorienarmen Nahrungsmittel. Der Eiweißgehalt ist mit ca. 3% vergleichbar mit Kuhmilch und liegt damit höher als bei vielen Gemüsesorten. Ballaststoffe zählen zu den Kohlenhydraten und sind ebenfalls Bestandteil von Pilzen. Vor allem die Beta-Glucane stehen derzeit im Zentrum der Forschung. Aber auch das sogenannte Spermidin – zurzeit in vieler Munde – ist in größeren Mengen in Pilzen enthalten. Diese Substanz soll u.a. dazu beitragen, gesünder zu altern.

Pilze beinhalten auch eine ganze Reihe an wichtigen Vitaminen, Mineralstoffen und Spurenelemente. So enthalten beispielsweise Austernseitling und Shiitake verschiedene B Vitamine, in größeren Mengen die Mineralien Kalium und Phosphor und als Spurenelemente kommen Zink und Kupfer vor. Verschiedene Pilzarten werden in der Volksmedizin und besonders in der traditionellen chinesischen Medizin verwendet. Auch werden Pilzprodukte als gesundheitsfördernde Nahrungsergänzungsmittel verkauft. Grundsätzlich können Nahrungsergänzungsmittel aber auch ohne Wirksamkeitsnachweis auf den Markt gebracht werden. Mittlerweile gibt es jedoch zahlreiche Hinweise, dass Pilze tatsächlich diverse Wirkungen hervorrufen. Zum Beispiel legt eine Studie an gesunden Erwachsenen nahe, dass die Einnahme von getrockneten Shiitakepilzen über mehrere Wochen hinweg eine Verbesserung des Immunsystems zur Folge hat. Lentinan, ein aus dem Shiitake gewonnenes Beta-Glucan, ist in Japan schon als Medikament zugelassen und wird immunstärkend eingesetzt. Auch Austernseitlinge scheinen die körpereigenen Abwehrkräfte zu steigern. Und weiteren Speisepilzen wie dem Igelstachelbart, dem Schopftintling, dem Samtfußrübling, dem Judasohr, Champignons und anderen Seitlingen werden medizinische Eigenschaften zugeschrieben, doch klinische Studien wurden bisher nur selten durchgeführt.

192
Pilze als Zutat für die Gemüsepfanne.

Zubereitung

Bevor Pilze zubereitet werden, ist es oft nötig, sie zu säubern. Meist ist das Stielende mit Holz- oder Erdpartikeln behaftet. Es wird dann am besten mit einem Messer abgeschnitten. Wenn sich weiterer Schmutz auf der Pilzoberfläche befindet, reicht oft eine weiche Bürste oder ein Pinsel aus, um ihn zu entfernen. Ist das nicht möglich bzw. nicht ausreichend, weiche ich die Pilze für eine Minute in einer Schüssel mit Wasser ein. Danach schabe ich den noch vorhandenen Schmutz mit einem Messer unter laufendem Wasserhahn ab. Es wird oft empfohlen, Pilze nicht zu waschen, da der Geschmack darunter leiden soll. Oftmals gibt es aber keine andere Möglichkeit, es sei denn, man gewöhnt sich daran, die Erdpartikel mitzuessen – was nicht unbedingt ein schönes Kauerlebnis ist.

Pilze sollten grundsätzlich nicht roh verzehrt werden, da einige Arten Giftstoffe enthalten, die erst durch den Kochvorgang zerstört werden und andere roh unverträglich sind. Nur wenige Pilzarten, wie z.B. Zuchtchampignons oder Steinpilze können in kleineren Mengen roh verzehrt werden. Ansonsten ist eine ausreichende Garzeit wichtig. Je nach Größe der Pilzstücke sollten sie etwa 10 bis 15 Minuten gut erhitzt werden.

Pilze sind vielseitig verwendbar. Viele mögen sie am liebsten mit Salz und Pfeffer gewürzt in Butter angebraten zu einer Scheibe Brot oder über einen Salat gestreut. Auch für Saucen oder Suppen oder in einer Gemüsepfanne (Abb. 192) sind sie eine schmackhafte Zutat.

Pilze im Kühlschrank aufbewahren

Werden frische Pilze gekühlt und dabei luftig gelagert, sind sie, je nach Art, einige Tage haltbar. Zu alte Pilze sollten nicht mehr verzehrt werden, da sie ein Gesundheitsrisiko darstellen können. Man erkennt überalterte Pilze an einem unangenehmen Geruch, oft sind sie auch schmierig und anders gefärbt als ihre frischen Artgenossen (Abb. 193 und 194).
Da Pilze leicht verderbliche Lebensmittel sind, kann ein frisch zubereitetes Pilzgericht aufgewärmt verzehrt werden, wenn es maximal 1 Tag lang im Kühlschrank aufbewahrt wurde.

Was kann passieren, wenn man ein verdorbenes Pilzgericht verzehrt? Wie bei jedem Lebensmittel, das verdirbt, beginnen allgegenwärtige Mikroorganismen wie z.B. Bakterien oder Schimmelpilze das Lebensmittel zu zersetzen und vermehren sich dabei, je nach Temperatur, sehr rasch. Diese Kleinstlebewesen und möglicherweise auch deren Stoffwechselgifte sowie die Abbauprodukte der Speise selbst können für uns gesundheitliche Folgen haben. Der Verzehr kann zu einer Lebensmittelvergiftung führen, die sich bereits kurz nach der Mahlzeit durch Symptome wie Erbrechen und Durchfall bemerkbar macht.

Einfrieren

Die wohl schnellste und einfachste Möglichkeit, Pilze zu konservieren, ist das Einfrieren. Die Nährstoffe im Lebensmittel bleiben durch diese Methode gut erhalten. Jedoch wird die Konsistenz der Pilze

193
Verdorbene Austernseitlinge.

194
Frische Austernseitlinge.

195
Getrocknete Austernseitlinge.

193

194

195

etwas beeinträchtigt, da sich Eiskristalle bilden, welche die Zellstruktur zerstören.

Am besten schneidet man die gereinigten Pilze in etwa gleich große Stücke, gibt sie in eine Gefriertüte, presst die verbleibende Luft aus der Tüte heraus und verschließt sie. Die Pilze sollen nicht länger als 6 Monate in der Gefriertruhe aufbewahrt werden.

Trocknen

Das Trocknen ist eine weitere Möglichkeit, Pilze zu konservieren. Bei diesem Vorgang wird dem Lebensmittel das Wasser entzogen. Durch den Wasserentzug verlieren Bakterien oder andere Pilze, welche unsere Ernte verderben könnten, ihre Lebensgrundlage. Deshalb können Trockenpilze jahrelang aufbewahrt werden, ohne dass sie schlecht werden. Die in dünne Scheiben geschnittenen Pilze werden auf Backpapier auf einen Rost gelegt. Danach schiebt man sie in den Backofen, der auf etwa 50°C eingestellt ist, und lässt die Tür einen Spalt offen, damit die feuchte Luft entweichen kann. Natürlich eignen sich auch Dörrgeräte für den Trocknungsvorgang. Eine andere Methode besteht darin, die Pilzscheiben aufzufädeln und aufzuhängen oder auf Gittern auszulegen. Die Umgebungsluft sollte aber warm und trocken sein, sonst können die Pilzscheiben verschimmeln (Abb. 195).

Getrocknete Pilze werden vor der Zubereitung eine kurze Zeit in Wasser eingeweicht und dann wie frische Pilze weiterverwendet. Auch das Einweichwasser kann mitgenutzt werden, da Aromastoffe des Pilzes in das Wasser übergehen.

Literaturhinweise und Internet-Seiten

Verwendete Literatur

- „Growing Gourmet and Medicinal Mushrooms" (auf Englisch) von Paul Stamets; Ten Speed Press
- „Das Pilzzucht-Buch" von Bert Marco Schuldes und Sam Lanceata; Werner Pieper & die Grüne Kraft
- „Pilzanbau in Haus und Garten" von Jolanda Englbrecht; Eugen Ulmer Verlag, Stuttgart
- Pilzillustrationen in Aquarelltechnik und Artbeschreibungen „Pilzkompendium Band 1-4" Stand 2018 von Erhard Ludwig; www.fungicon.de

Empfohlene Literatur

- Pilzanbau-Buch für Leute, die Profianbauer werden möchten, aber auch für ambitionierte Hobbyanbauer: „Growing Gourmet and Medicinal Mushrooms" (Englisch) von Paul Stamets; Ten Speed Press
- Umfassendes Werk über Heilpilze: „Heilende Pilze: Die wichtigsten Arten der Welt im Porträt" von Jürgen Guthmann; Quelle & Meyer Verlag

Nützliche Internet-Seiten

- So finden Sie Ihren Pilzsachverständigen in Ihrer Nähe; Deutsche Gesellschaft für Mykologie: www.dgfm-ev.de
- Foren über Pilzanbau: www.kulturpilz.de; www.pilz-kultur.at/Forum
- Pilzbrut zum Bestellen: www.shii-take.de
- Kulturbedingungen gängiger Kulturstämme: www.mycelia.be/en

Weitere Bücher im ökobuch Verlag

Anders gärtnern

Permakultur-Elemente im Hausgarten. Ob Kräuterspirale, Krater- bzw. Hochbeet, Kartoffelturm, Wurmfarm oder Erdgewächshaus mit Hühnerstall, bei allem dient die Natur als Vorbild. Mit vielen Anleitungen für einen Hausgarten, in dem die Bereiche harmonisch zusammenwirken und sich gegenseitig fördern. Von Margit Rusch. 96 Seiten, mit vielen farbigen Abbildungen, 16,95 €

Mein kleiner Permakultur-Garten

300 kg Ernte auf 150 m^2 Fläche mitten in der Stadt. Der Autor Josef Chauffrey beschreibt die Kultivierung eines Reihenhausgartens nach Permakultur-Prinzipien und zeigt, wie sich beachtliche Ernteerfolge an Obst u. Gemüse erzielen lassen. 110 Seiten, mit vielen farbigen Abbildungen, 16,95 €

Das Biogarten-Praxisbuch

Anleitung zum naturgemäßen Gärtnern in Bildern. Hier wird das notwendige Wissen vermittelt, um erfolgreich den Boden zu bestellen und reichhaltig gesundes Obst und Gemüse zu ernten. Susanne Bruns. 224 Seiten, viele Abbildungen, 18,95 €

Permakultur im Hausgarten

Mit diesem Buch gibt der Autor einen Leitfaden an die Hand, wie ein Hausgarten Stück für Stück zum persönlichen und vielseitigen Permakultur-Garten gestaltet oder umgestaltet werden kann. Jonas Gampe. 144 Seiten, mit vielen Abbildungen, 16,95 €

Auf 300 qm Gemüseland

… den Bedarf eines Haushalts ziehen. Wie man auf kleinstem Raum einen Nutzgarten anlegt und erfolgreich bewirtschaftet, können wir von unseren Vorfahren lernen. Mit schnellen, praktischen, alphabetisch geordneten Infos über die wesentlichen Pflanzen, über Anbau- und Arbeitsmethoden. Von Arthur Janson. Neugestalteter Nachdruck der Erstausgabe von 1926. 170 Seiten, 16,95 €

Saatgut aus dem Hausgarten

Nach einer Einführung in die Saatgutgewinnung und in die Praxis der Vermehrung werden die nötigen Hilfsmittel, Ernte, Reinigung und Lagerung der Samen sowie Aussaat und Aufzucht beschrieben. Mit kurzen Pflanzenporträts aller im Hausgarten üblichen Kräuter, Gemüse und Blumen. Von Marlies Ortner. 138 Seiten, mit vielen farbigen Abbildungen, 19,90 €

Trocknen und Dörren mit der Sonne

Bau & Betrieb von Solartrocknern. Ein Buch für alle, die einen funktionstüchtigen Solartrockner kostengünstig selbst bauen möchten, um Obst, Gemüse und Kräuter natürlich und hochwertig haltbar zu machen. Außerdem: Praxis des Trocknens mit vielen Tipps aus langjähriger Erfahrung. Herausgegeben von Claudia Lorenz-Ladener. 96 Seiten, mit vielen farbigen Abbildungen, 16,95 €

Terrassen und Decks aus Holz selbst gebaut

Planungsüberlegungen, sinnvolle Konstruktionen, Materialempfehlungen. Viele Beispiele und Schritt-für-Schritt-Bilder vermitteln das Wissen zum Bau schöner Holzdecks. Von Peter Himmelhuber. 102 Seiten, mit vielen farbigen Abbildungen, 16,95 €

Mein Garten lebt

Vögel, Schmetterlinge, Igel, Wildbienen und andere nützliche Tiere ansiedeln. Mit Bauanleitungen und Gestaltungsideen, um durch Nisthilfen, Schlafquartiere u.ä, Gärten tierfreundlich zu gestalten. Von Peter Himmelhuber. 96 Seiten, mit vielen farbigen Abbildungen, 16,95 €

Natürlich konservieren

Die 250 besten Rezepte, um Gemüse und Obst möglichst naturbelassen haltbar zu machen und ein maximum an Vitaminen, Nährstoffen und Geschmack zu erhalten. Herausgegeben von Terre Vivante. 160 Seiten, mit vielen Abbildungen, 16,95 €

Trockenmauern für den Garten

Bauanleitung & Gestaltungsideen. Ob Sitzplätze oder Hochbeete einzufassen, eine Hangfläche zu terrassieren oder das Grundstück einzugrenzen: Mit einfachen Werkzeugen kann jeder kostengünstig eine schöne und dauerhafte Trockenmauer selbst bauen. Von Jana Spitzer und Reiner Dittrich. 96 Seiten, mit vielen farbigen Abbildungen, 16,95 €

Bunte Körbe aus Gräsern und Kräutern

Die Technik des Korbwickelns neu entdeckt. Anleitungen zur Herstellung von bunten Körben durch Wickeln und Vernähen von Strängen aus heimischen Faserpflanzen. Mit vielen Schritt-für-Schritt-Anleitungen. Von Walter Friedl. 96 Seiten, mit vielen farbigen Abbildungen, 17,95 €

Hauserneuerung

Instandsetzen - Modernisieren - Energiesparen - Umbauen: mit Anleitung zur Selbsthilfe. Das Buch beschreibt ausführlich den behutsamen, handwerklich sachgerechten und umweltverträglichen Umgang mit alter Bausubstanz. Von G. Haefele, W. Oed und L. Sabel. 256 Seiten, mit vielen Abbildungen, 28,90 €

Vom Altbau zum Effizienzhaus

Energietechnische Gebäudesanierung in der Praxis: Nachträgliche Wärmedämmung der Gebäudehülle, Fenstererneuerung, sowie Sanierung der Haustechnik einschließlich Lüftung, Heizung, Sanitär und Elektro. Hrsg. von Ingo Gabriel und Heinz Ladener. 200 Seiten, mit vielen farbigen Abbildungen, 28,90 €

Praxis: Holzfassaden

Material, Planung, Ausführung. Das Buch zeigt nicht nur die gestalterischen Möglichkeiten moderner Holzfassaden, sondern stellt zahlreiche vorbildliche Beispiele und Detaillösungen mit Ecken, Sockel, Dach- und Fensteranschlüssen vor. Von Ingo Gabriel. 112 Seiten, mit vielen farbigen Abbildungen, 28,- €

Handbuch Lehmbau

Umfassendes Lehrbuch und Nachschlagewerk: Es zeigt Einsatzmöglichkeiten, Eigenschaften und Verarbeitungstechniken des Baustoffes Lehm. Mit Forschungsergebnissen und Beschreibungen ausgeführter Lehmhäuser. Von Gernot Minke. 222 Seiten, mit vielen Abbildungen, 38,- €

Neues Bauen mit Stroh in Europa

Bauen mit großformatigen Quadern aus gepresstem Stroh: gebaute Beispiele, erprobte Bauformen und Konstruktionen, Besonderheiten, neue Projekte und Forschungen. Von H. u. A. Gruber u. H. Santler. 112 Seiten, mit vielen Abbildungen, 16,95 €

Handbuch Strohballenbau

Ein Konstruktions-Handbuch, das Konzeption, Bautechnik und alle Details beschreibt, um aus Strohballen gut gedämmte, dauerhafte Häuser zu bauen. Mit vielen Konstruktionsdetails und Beispielen. Von Gernot Minke und Benjamin Krick. 152 Seiten, mit vielen farbigen Abbildungen, 29,90 €

Haus der Zukunft

Ein Drittel aller Treibhausgase entsteht (noch) bei uns Zuhause. Das Buch möchte motivieren und zeigen, wie unser Zuhause in 20 bis 40 Jahren aussehen könnte und welche Wege dorthin führen. Von Simon Grieger. 196 Seiten, mit vielen farbigen Abbildungen, 24,90 €

Regenwasser für Garten und Haus

Ein kompetenter Ratgeber für Planung und Bau von Regenwassersammelanlagen nach dem Stand der Technik: Bemessung, Genehmigung, Speichertanks, Pumpen, Rohrleitungen, Zubehör. Von Karlheinz Böse. 96 Seiten, mit vielen Abbildungen, 16,95 €

Autonome Stromversorgung

Auslegung, Aufbau und Praxis autonomer Stromversorgungsanlagen mit Batteriespeicher für Beleuchtung und für netzferne Handwerks- u. Landwirtschaftsbetriebe. Von Philipp Brückmann und Georg Bopp. 126 Seiten, mit vielen Abbildungen, 22,90 €

Unser Bücher erhalten Sie in allen Buchhandlungen.
www.oekobuch.de · E-Mail: verlag@oekobuch.de

ökobuch
Zukunft leben